Superfoods for Life
CHIA

Lauri Boone

Superfoods for Life
CHIA

Mit 75 leckeren Rezepten
für Ihren täglichen Speiseplan

Aus dem Amerikanischen von
Helga Schenk

HANS-NIETSCH-VERLAG

Titel der Originalausgabe: *Superfoods for Life: Chia*, erschienen bei *Fair Winds Press/ Quarto Publishing Group,* Beverly/USA
Translation Rights arranged with *Fair Winds Press/Quarto Publishing Group,* Beverly/USA

2. Auflage Mai 2015

Lektorat: Ulrike Oberländer
Korrektorat: Ute Orth
Cover-Design: Kurt Liebig
Layout: Kathie Alexander
Satz: Sandra Roth
Fotos: Glenn Scott Photography
Styling : Catrine Kelty
Fotos auf den Seiten 13, 44, 76, 102, 105, 135, 144, 163 von shutterstock.com

Hans-Nietsch-Verlag
Am Himmelreich 7
79312 Emmendingen

www.nietsch.de
info@nietsch.de

ISBN 978-3-86264-329-5

Die Informationen in diesem Buch sind sorgfältig recherchiert und zusammengetragen. Die Tipps ersetzen jedoch keine medizinische Behandlung. Bitte sprechen Sie, wenn Sie körperliche Beschwerden haben, mit Ihrem Arzt oder Heilpraktiker, bevor Sie mit einem neuen Gesundheitsprogramm beginnen.

Widmung

Für Lucky Dog

Inhalt

Einführung

Sind Sie bereit, die Power von Chiasamen zu erleben? Chiasamen sind ein uraltes Nahrungsmittel, das sich in letzter Zeit schnell zu einem Superstar entwickelt hat. Sie sind wahre Nährstoffbomben, denn sie enthalten hochwertige Mineralien: Kalzium für Ihre Knochen, Magnesium, das in Stresssituationen hilft, Zink für Ihr Immunsystem und blutbildendes Eisen. Chiasamen sind außerdem eine der besten pflanzlichen Quellen für Omega-3-Fettsäuren, die entzündungshemmend wirken. Und sie enthalten jede Menge Ballaststoffe, die Ihrem Herzen und Ihrem Darm guttun. Damit können sie gleichzeitig der Schlüssel zu Ihrer Traumfigur sein. Falls Sie Sport treiben (oder zumindest versuchen, aktiv und in Bewegung zu bleiben), können Sie Ihrem Körper mit Chiasamen und ihrer perfekten Mischung aus Energie steigernden Kohlenhydraten und hochwertigen Proteinen stets einen Energieschub für Ihr Work-out, Ihr Training oder andere sportliche Aktivitäten und Ihren gesamten Alltag geben.

So viele gute Nährstoffe in so winzigen Energiepaketen, die auch noch so unglaublich einfach zu verwenden sind (und ich garantiere Ihnen: wirklich einfach!), sind der Grund dafür, dass es die Chiasamen in kürzester Zeit an die Spitze der Superfoods-Charts geschafft haben. Und das ist kein Wunder. Denn sie lassen sich zur Verbesserung der Gesundheit und des allgemeinen Wohlbefindens leicht und in überraschend kleinen Mengen in nahezu jeden Speiseplan integrieren. Und während sie ihren Einzug in Supermärkte und Bioläden halten, versucht fast jeder – vom Sportler oder Manager bis hin zum Yogi oder Wellness-Freak – von den wunderbaren Vorteilen dieser Powersamen zu profitieren. In diesem Buch möchte ich Ihnen zeigen, wie Sie die Kraft von Chiasamen ganz einfach und lecker in Ihren täglichen Speiseplan aufnehmen können.

HABEN SIE DAS GEWUSST?

Chiasamen sind die essbaren Samen einer einjährigen Wüstenpflanze (*Salvia hispanica*), die zur Gattung der Salbeipflanzen (Lamiaceae) gehört und wahrscheinlich ursprünglich in Teilen von Mittelamerika und Mexiko beheimatet war. Die winzigen schwarzen und weißen Samen, die im Durchmesser nur etwa 1 Millimeter groß sind, galten bei den Mayas und Azteken als Grundnahrungsmittel, das sie verwendeten, um Stärke, Energie und Ausdauer zu erhöhen. Nach der spanischen Eroberung und dem Zerfall des Aztekenreichs nahm der Verbrauch zwar ab (da vermutlich mehr Interesse bestand, Feldfrüchte anzubauen, die die Spanier besser kannten), doch man geht davon aus, dass der Anbau seit Beginn des 20. Jahrhunderts wieder verstärkt vorangetrieben wurde. Eine verwandte Pflanze, die sogenannte goldene Chia (*Salvia columbariae*), ist im Südwesten der USA beheimatet und war wohl ein Grundnahrungsmittel der Ureinwohner Nordamerikas. Doch die Chiasamen, die heute kommerziell produziert werden und die ich in diesem Buch verwende, sind die Samen der Pflanze Salvia hispanica.

Erste Schritte: Wie Sie dieses Buch verwenden

Sie bekommen in diesem Buch ...

... wissenschaftlich fundierte Informationen über Chiasamen und ihre Nährstoffe – denn Wissen ist Macht. In Kapitel 1 bis 5 nehme ich die Forschungsergebnisse über die Vitalstoffe und gesundheitlichen Vorteile von Chiasamen unter die Lupe, insbesondere im Hinblick auf ihre positiven Auswirkungen auf unsere schlanke Linie und für die Verdauung, auf Krankheiten wie Herz-Kreislauf-Erkrankungen und Diabetes sowie zur Steigerung der sportlichen Leistungsfähigkeit. Und je mehr Sie über die unglaublichen gesundheitsfördernden Eigenschaften von Chiasamen erfahren, desto mehr Lust werden Sie bekommen, sie auszuprobieren und in Ihren täglichen oder wöchentlichen Speiseplan aufzunehmen.

... praktische Tipps, damit Sie das Gelernte in die Praxis umsetzen können. Am Ende jedes Kapitels finden Sie einen Abschnitt „Praktische Tipps" mit einer kurzen Liste von leicht in die Praxis umsetzbaren Ratschlägen und Hinweisen, wie Sie Chiasamen am besten anwenden können, um Ihre persönlichen Ziele zu erreichen. Sie können dann, je nach Lust und Laune, einen, mehrere oder alle Tipps übernehmen.

... 75 kreative Rezepte mit Chiasamen! Wenn Sie erst mehr über die verblüffenden Eigenschaften von Chiasamen gelesen haben, bekommen Sie möglicherweise Lust, einige der einfachen – und leckeren – Chia-Rezepte aus den einzelnen Kapiteln auszuprobieren. Es sind 75 glutenfreie schnelle Rezepte, die Spaß machen – von erfrischenden Drinks und cremigen Puddings bis hin zu herzhaften Hauptspeisen und süßen Verführungen (plus einigen Tipps, wie Sie das Rezept auch vegan zubereiten können). Und das Beste daran ist: In diesen Rezepten wird die Kraft der Chiasamen wirkungsvoll mit der von anderen Superfood-Zutaten kombiniert, sodass ein Optimum an Nährstoffgehalt und Geschmack entsteht. Deshalb habe ich für Sie in diese Chia-Rezepte einige meiner absoluten Superfood-Lieblinge mit aufgenommen, die Ihren Stoffwechsel anregen, Blähungen und Völlegefühl vermeiden, entzündungshemmend wirken und Ihnen eine natürliche Schönheit verleihen.

Alle, die einfach nur ein paar köstliche Gerichte mit Chiasamen zu Hause zubereiten wollen, können die Rezepte von Kapitel 1 bis 5 ausprobieren oder direkt Kapitel 6, „Tipps und Tricks: Wie Sie Chiasamen in der Küche verwenden", aufschlagen. Dort erkläre ich Ihnen, was Sie beim Kauf, bei der Auswahl, beim Lagern, Kochen und Backen beachten sollten. Die Grundrezepte zeigen, wie Sie Chia-Gel, Chia-Pudding, Chia-Fresca, rohe Chia-Müsliriegel und vieles mehr herstellen und nach Geschmack abwandeln und aufpeppen können! Sie finden in diesem Buch auch Antworten auf häufig gestellte Fragen zum Thema „Chiasamen" (siehe Seite 178 ff.). Und wenn Sie nicht wissen, wo Sie Ihre Chiasamen kaufen können, sehen Sie unter „Bezugsquellen" (siehe Seite 181 f.) nach.

Der Nährwert von Chiasamen
(jeweils für 1 Portion oder 2 bis 2½ Esslöffel bzw. etwa 30 Gramm)

Kohlenhydrate	11,90	Gramm
Ballaststoffe, insgesamt	9,80	Gramm
Proteine	4,70	Gramm
Fette, gesamt	8,70	Gramm
Gesättigte Fettsäuren	0,90	Gramm
Einfach ungesättigte Fettsäuren	0,70	Gramm
Mehrfach ungesättigte Fettsäuren	6,70	Gramm
Cholesterin	0,00	Milligramm
Mineralstoffe:		
Kalzium	179,00	Milligramm
Eisen	2,20	Milligramm
Magnesium	95,00	Milligramm
Phosphor	244,00	Milligramm
Kalium	115,00	Milligramm
Natrium	5,00	Milligramm
Zink	1,30	Milligramm
Vitamine:		
Vitamin C	0,50	Milligramm
Thiamin	0,20	Milligramm
Riboflavin	0,05	Milligramm
Niacin	2,50	Milligramm
Vitamin A	15,00	IE (Internationale Einheiten)
Vitamin E	0,10	Milligramm
Vitamin E	0.10	Milligramm

Quelle: *National Nutrient Database des USDA* (Landwirtschaftsministerium der Vereinigten Staaten) als Standardreferenzwerte, Ausgabe 25. *http://ndb.nal.usda.gov*

KAPITEL 1

Gesund & schlank: Chia-samen fürs Idealgewicht

Die winzigen Chiasamen sind das ideale Powerfood zum Abnehmen. Sie enthalten eine Fülle von Omega-3-Fettsäuren und Antioxidantien, die Entzündungen hemmen und den Fettstoffwechsel anregen. In ihnen steckt eine ausgewogene Mischung an Energie ausgleichenden Kohlenhydraten und Proteinen, dazu unterstützende Mineralien wie Kalzium sowie sättigende Ballaststoffe – und all diese Stoffe helfen Ihnen beim Abnehmen. Das Eiweiß (Protein) und die Ballaststoffe der Chiasamen gleichen Ihren Blutzuckerspiegel aus und schenken Ihnen ein gutes Sättigungsgefühl, während die Mineralstoffe Ihre Verdauung und Ihren Stoffwechsel anregen.

Selbst wenn Sie nur eine kleine Menge dieser Supersamen in Ihre tägliche Ernährung aufnehmen, werden Sie feststellen: Sie können Ihren Appetit zügeln und Heißhungerattacken Einhalt gebieten. Sie fühlen sich länger gesättigt – und essen deshalb weniger. Und wie Sie im nächsten Kapitel entdecken werden, halten Chiasamen Ihren Körper außerdem auf einem gleichbleibenden Energieniveau, sodass Sie aktiv und fit bleiben – und keine Energieeinbrüche oder Schwächeanfälle und keinen Muskelkater bekommen. Damit werden Sie auch die Kraft haben, längere und intensivere Work-outs zur Kalorien- und Fettverbrennung durchzuhalten, sowie die notwendige Stoffwechselaktivierung in Gang zu setzen, die Ihr Körper braucht, um die überflüssigen Pfunde (für immer) loszuwerden. Denn tatsächlich sind Chiasamen ein unglaublich einfacher und wirksamer Nahrungsmittelzusatz zum Abnehmen für jeden, der versucht ein gesundes Körpergewicht zu erreichen und zu halten.

SUPERFOODS ZUM ABNEHMEN

Kann ein einziges Superfood wie Chiasamen Ihnen wirklich helfen abzunehmen? Eine negative Energiebilanz (d. h. Sie nehmen weniger Kalorien zu sich, als Sie verbrauchen) ist wahrscheinlich der wichtigste Faktor, der bestimmt, wie viel und wie schnell Sie abnehmen. Die Empfehlung, weniger zu essen und sich mehr zu bewegen, ist also nicht zu unterschätzen. Aber natürlich ist Abnehmen eine viel komplexere Geschichte als eine einfache mathematische Gleichung zwischen aufgenommenen und verbrauchten Kalorien– genau deshalb können bestimmte Nahrungsmittel wie Chiasamen Sie bei Ihren Bemühungen unterstützen, Ihr Idealgewicht zu erreichen.

Als ich mit der Recherche für mein erstes Buch Das große Buch der Superfoods (Hans-Nietsch-Verlag, Emmendingen, 2013) begonnen hatte, entdeckte ich, dass es mehrere Nahrungsmittel gibt, deren Eigenschaften oder Nährstoffkombination sich positiv auf unser Körpergewicht auswirken können. Von der gezielten Wirkung, die Superfrüchte wie Mangostan und Maqui-Beeren auf Fettzellen haben, bis hin zu der stoffwechselanregenden Wirkung von Grüntee und Cayennepfeffer sind viele Nahrungsmittel (und die Nährstoffe, die sie enthalten) eine wirksame Waffe im Kampf gegen überflüssige Pfunde.

In den Rezepten habe ich Chiasamen mit anderen Superfoods kombiniert, um eine Vielfalt von süßen und herzhaften Speisen zu kreieren, mit denen Sie Ihren Wunsch nach weniger Pfunden besonders effektiv unterstützen können. Und im Gegensatz zu der industriell verarbeiteten „Diätnahrung" – Sie wissen schon: Shakes, spezielle Riegel und Snacks zum Abnehmen – werden diese vollwertigen Superfood-Mahlzeiten Ihnen helfen, Ihren Körper gesund zu ernähren, ihm ein strahlendes Aussehen zu verleihen und Ihnen ein besseres Körpergefühl zu geben!

Was hat eine ballaststoffreiche Ernährung mit Ihrem Idealgewicht zu tun?

Wieso helfen Chiasamen beim Abnehmen? Das Geheimnis dieser nährstoffreichen Samen liegt in ihrem außergewöhnlich hohen Ballaststoffgehalt. Ernährungsexperten sind sich einig, dass Ballaststoffe eine Schlüsselrolle spielen, wenn es darum geht, das Wohlfühlgewicht zu erreichen – und Chiasamen haben jede Menge davon. Eine Portion Chiasamen (das sind 2 bis 2½ Esslöffel oder etwa 30 Gramm) enthält fast 10 Gramm Ballaststoffe – das sind 30 bis 40 Prozent unseres Tagesbedarfs. Ballaststoffe bringen eben nicht nur Ihren Verdauungstrakt dazu, optimal zu funktionieren, sie helfen Ihnen tatsächlich auch, Ihr Gewicht zu reduzieren.

Studien haben gezeigt, dass ein Zusammenhang zwischen einer ballaststoffreichen Ernährung und niedrigerem Körpergewicht besteht, so einfach ist das. Dem gegenüber steht eine fettreiche, ballaststoffarme Ernährung, die eine erhöhte Gefahr für Übergewicht und Fettleibigkeit birgt. Unglücklicherweise hat sich herausgestellt, dass die Ernährung der meisten Menschen zu ballaststoffarm ist. Expertenschätzungen zufolge nehmen die meisten Menschen der westlichen Wohlstandsgesellschaft weitaus weniger als die empfohlene Tagesdosis von 25 bis 35 Gramm Ballaststoffe zu sich. Doch die gute Nachricht ist: Wenn Sie die Ballaststoffe in Ihrer Ernährung – durch eine kleine Portion Chiasamen – erhöhen, kann Ihnen das bereits helfen, ein gesundes Gewicht zu erreichen und zu halten.

In einer im *American Journal of Clinical Nutrition* im Jahr 2003 veröffentlichten Studie untersuchten Forscher die Ernährungsgewohnheiten von Tausenden von Frauen über einen Zeitraum von 12 Jahren. Sie fanden heraus, dass viele Frauen mit zunehmendem Alter zwar zunehmen – diejenigen aber, die mehr Ballaststoffe und Vollkornprodukte zu sich nehmen, wiegen durchweg weniger als die Frauen, die weniger Ballaststoffe und Vollkornprodukte (und folglich mehr Weißmehlprodukte) verzehren. Die Wissenschaftler haben errechnet, dass bereits 12 Gramm Ballaststoffe mehr pro Tag dazu führen, dass innerhalb des zwölfjährigen Beobachtungszeitraums 3,6 Kilo weniger an Gewicht zugenommen wird. Und das ist genau die Menge, die in etwas mehr als 2½ Esslöffeln Chiasamen enthalten sind.

Ballaststoffreiche Chiasamen sättigen

Sie wissen jetzt, dass eine direkte Verbindung zwischen einer ballaststoffreichen Ernährung und Ihrem Wohlfühlgewicht besteht. Nach Angaben der *Academy of Nutrition and Dietetics* begünstigt der tägliche Verzehr von etwa 25 Gramm Ballaststoffen aus vollwertigen Nahrungsmitteln das Abnehmen und die Gesundheit. Bereits 1 oder 2 Esslöffel (also 12,5 bis 25 Gramm) Chiasamen in Ihrer täglichen Ernährung können die zusätzlichen 10 Gramm Ballaststoffe liefern, die bei den meisten Menschen im Speiseplan fehlen. Wie genau funktioniert nun dieses kleine Abnehm-Wunder?

Ballaststoffreiche Lebensmittel wie Chiasamen bringen mehr Masse und Volumen in die Speisen und Snacks und sorgen damit dafür, dass Sie sich länger gesättigt fühlen. Außerdem werden diese Lebensmittel langsamer verdaut, sie gelangen langsam vom Magen in den Dünndarm. Dadurch verläuft die Freisetzung von Zucker in das Blut ebenfalls langsamer, sodass Ihnen kontinuierlich Energie zugeführt wird. All diese Wirkungen zusammengenommen fördern Ihr Sättigungsgefühl, mindern den Hunger und vermeiden Heißhungeranfälle. Und wenn Sie sich länger gesättigt fühlen, essen Sie weniger – auch das ist ein wichtiger Faktor beim Abnehmen.

In einer kleinen Doppelblindstudie unter zufällig ausgewählten Patienten, die 2010 im *European Journal of Clinical Nutrition* veröffentlicht wurde, untersuchten die Wissenschaftler die Wirkung von Weißbrot, das mit Chiasamen angereichert worden war, auf Blutzuckerspiegel und Appetit von 11 gesunden Patienten. Im Rahmen dieser Studie nahmen die Teilnehmer Weißbrot zu sich, dem entweder 0, 7, 15 oder 24 Gramm (bis zu maximal 2 Esslöffel) gemahlene Chiasamen zugesetzt worden war. Die Forscher stellten nicht nur eine dosisabhängige Senkung des Blutzuckerspiegels fest, wenn mit Chiasamen angereichertes Weißbrot gegessen worden war (d.h., je mehr Chiasamen in der Brotmischung mit gebacken worden war, desto niedriger waren die Blutzuckerwerte nach dem Verzehr), sondern die Probanden berichteten auch, dass sie nach dem Verzehr 2 Stunden lang weniger Appetit hatten. Und je mehr Chiasamen das Brot enthielt – natürlich nur bis zu maximal 2 Esslöffeln (etwa 25 Gramm), die fast 10 Gramm Ballaststoffe liefern –, desto früher nahm der Appetit der Teilnehmer ab.

Da Ihnen Ballaststoffe das Gefühl geben, satt zu sein und keinen Hunger zu haben, hilft Ihnen das Essen von ballaststoffreichen Lebensmitteln wie Chiasamen, weniger zu essen, und folglich nehmen Sie ab. Wahrscheinlich wollen Sie nun wissen, wie viel Ballaststoffe Sie mit jeder Mahlzeit zu sich nehmen müssen, um diese Wirkung zu erzielen. Wissenschaftler haben herausgefunden, dass bereits der Verzehr von etwa 10 Gramm Ballaststoffen bei jeder Mahlzeit oder jedem Snack Ihr Sättigungsgefühl erhöhen kann (geringere Mengen scheinen keine unmittelbare Wirkung zu haben). Und langfristig scheinen 14 Gramm zusätzliche Ballaststoffe in Ihrer täglichen Ernährung – egal, wie viele Kalorien Sie jeden Tag zu sich nehmen – Ihre insgesamt aufgenommene Kalorienzahl um 10 Prozent zu senken, was einem potenziellen Gewichtsverlust von etwa 1,8 Kilo in einem Zeitraum von 3 bis 4 Monaten entspricht. Das sind relativ beeindruckende Ergebnisse, wenn man bedenkt, dass Sie allein durch die Zugabe von etwas mehr Ballaststoffen 5,4 Kilogramm im Jahr abnehmen können.

Haben Sie das gewusst?

Chiasamen sind hydrophil (wasserbindend). Sie saugen die Flüssigkeit, in die man sie hineingibt, buchstäblich auf und erhöhen auf diese Weise ihr Ausgangsgewicht in Wasser um das 9- bis 10-Fache. Deshalb eignen sie sich bestens zum Andicken von Getränken und zum Herstellen von Puddings und Gelen. Chia-Gel kann als Ei-Ersatz beim Backen verwendet werden (mehr dazu erfahren Sie in Kapitel 6, ab Seite 162).

Ihre bemerkenswerte Quellfähigkeit schenkt uns ein länger anhaltendes Sättigungsgefühl. Sie quellen jedoch nicht nur, wenn man sie in eine Flüssigkeit gibt, sondern auch in Ihrem Magen, wo sie das Volumen der aufgenommenen Nahrung erhöhen und die Verdauung verlangsamen – beides zusätzliche Vorteile für alle, die auf ihre schlanke Linie achten

Winzige Samen als Nährstoff-Kraftpakete, die Ihr Wohlfühlgewicht unterstützen

Neben den vielen Ballaststoffen enthalten Chiasamen auch andere Nährstoffe, die bei der Gewichtsabnahme eine Rolle spielen können. 1 Esslöffel Chiasamen (12,5 Gramm) enthält etwa 2 Gramm hochwertiges Eiweiß (Protein). Und Eiweiß erhöht das Sättigungsgefühl sogar noch mehr als in der Nahrung enthaltene Fette. So hilft also auch das Protein der Chiasamen, den Hunger in Schach zu halten, es verlangsamt die Zuckerabgabe ins Blut und bewirkt so, dass Sie sich länger satt und zufrieden fühlen.

Chiasamen sind außerdem eine gute Quelle für eine der entzündungshemmenden Omega-3-Fettsäuren, die auch unter dem Namen „Alpha-Linolensäure" (ALA) bekannt ist und Ihr Gewicht und Ihre Gesundheit ebenfalls positiv beeinflussen kann. In einer 2009 in der Zeitschrift *Nutrition Research* veröffentlichten Studie haben die Forscher keine signifikante Veränderung des Gewichts und des Fettgewebeanteils in einer Gruppe von übergewichtigen oder fettleibigen Männern und Frauen gefunden, die über einen Zeitraum von 12 Wochen täglich 50 Gramm Chiasamen zu sich nahmen. Zudem entdeckten die Forscher, dass die Probanden, die Chiasamen zu sich genommen hatten, am Ende der Studie einen höheren ALA-Spiegel aufwiesen. In anderen Studien hat sich ebenfalls gezeigt, dass Alpha-Linolensäure, ähnlich wie andere Pflanzenöle (einschließlich der einfach ungesättigten Fette von Olivenöl), einen Gewichtsverlust begünstigen und die Herz-Kreislauf-Funktion verbessern können, wenn sie Teil einer kalorienarmen Diät sind.

In Tierstudien haben Wissenschaftler herausgefunden, dass ALA-reiches Futter das Körpergewicht senkt. Forscher der Universität von Arizona bestätigten in einer Studie von 2002, dass Hühner, die ein zu 10 oder 20 Prozent mit Chiasamen angereichertes Futter bekamen, signifikant weniger Gewicht auf die Waage brachten als die Hühner der Kontrollgruppe, die Normalfutter erhielten. Der Unterschied betrug zwischen 5 und über 6 Prozent. Ihr Fleisch enthielt außerdem weniger gesättigte Fettsäuren und höhere ALA-Konzentrationen.

AUF DEN PUNKT GEBRACHT: VOLLKORN

Sie können Ihre Ballaststoffaufnahme erhöhen, indem Sie mehr Obst, Gemüse, Hülsenfrüchte (Bohnen, Erbsen und Linsen) und Vollkornprodukte essen (siehe auch die Tabelle „Der Ballaststoffgehalt verschiedener pflanzlicher Nahrungsmittel" auf Seite 20). Aber was genau versteht man unter Vollkorn? Laut *Whole Grains Council* bezeichnet Vollkorn die Verwendung von ganzen Getreidekörnern, also allen Teilen eines Korns, d. h. Mehlkörper (Endosperm), Keim(ling) und Schale (Kleie) und den von Natur aus darin enthaltenen Nährstoffen. Wiederholt haben Forschungsergebnisse gezeigt, dass der regelmäßige Verzehr von Vollkornprodukten bei der Gewichtskontrolle helfen und das Risiko für bestimmte chronische und altersbedingte Krankheiten wie Herzerkrankungen, Schlaganfall und Diabetes Typ 2 senken kann. Körner sind die Samen von Getreidepflanzen wie Hafer, Weizen, Dinkel, Grünkern, Kamut, Reis (Wild- und Vollkornreis) und von glutenfreien „Pseudogetreidearten" wie Amarant, Quinoa und Buchweizen, die botanisch gesehen zwar kein Getreide sind, aber ähnlich wie echte Getreidekörner zubereitet und gegessen werden. Chiasamen werden zwar nicht als Vollkorn betrachtet, aber aufgrund ihres hohen Ballaststoff- und Vitalstoffgehalts haben sie ganz ähnliche gesundheitliche Vorzüge (Gewichtsabnahme und vermindertes Risiko für bestimmte Krankheiten). Wenn Sie sich die Rezepte in diesem Buch ansehen, werden Sie entdecken, dass ich bei Gerichten, die jede Menge Eiweiß und Ballaststoffe enthalten, häufig die Vorteile von Vollkorn und Chiasamen kombiniert habe, um das Beste für Ihre Gesundheit und Ihr Gewicht herauszuholen.

Der Ballaststoffgehalt verschiedener pflanzlicher Nahrungsmittel

Möchten Sie jeden Tag zusätzlich 12 bis 14 Gramm Ballaststoffe zu sich nehmen, um leichter Gewicht zu verlieren und Ihre Verdauung sowie Ihre Gesundheit zu unterstützen? Das ist ganz einfach (und die empfohlene Tagesdosis von 25 bis 30 Gramm erreichen Sie schnell), wenn Sie verschiedene ballaststoffreiche Lebensmittel mit einer hohen Nährstoffdichte zu sich nehmen. Vollkornprodukte, Pseudogetreide, Obst, Gemüse, Hülsenfrüchte, Nüsse, Kerne und Samen – dazu noch eine kleine Portion ballaststoffreiche Chiasamen – sind bestens dafür geeignet!

Linsen (200 Gramm), gekocht: 15,6 Gramm

Schwarze Bohnen (170 Gramm), gekocht: 15 Gramm

Chiasamen (2 bis 2½ Esslöffel bzw. etwa 30 Gramm), ganz: 9,8 Gramm

Grüne Erbsen (150 Gramm), roh: 7,4 Gramm

Leinsamen (2 Esslöffel bzw. etwa 25 Gramm), ganz: 5,6 Gramm

Quinoa (180 Gramm), gekocht: 5,2 Gramm

Apfel (mittelgroß), roh, mit Schale: 4,4 Gramm

Süßkartoffel (mittelgroß), in der Schale gebacken: 3,8 Gramm

Heidelbeeren (140 Gramm), roh: 3,6 Gramm

Mandeln (30 Gramm oder etwa 23 Kerne), ganz: 3,5 Gramm

Vollkorn- oder Langkornreis (200 Gramm), gekocht: 3,5 Gramm

Walnüsse (28 Gramm oder 14 Hälften): 1,9 Gramm

Romanasalat (50 Gramm), in Streifen geschnitten: 1 Gramm

Quelle: *National Nutrient Database* des *USDA* (Landwirtschaftsministerium der Vereinigten Staaten) als Standard-referenzwerte, Ausgabe 25. *http://ndb.nal.usda.gov*

Haben Sie das gewusst?

Wenn Sie übergewichtig sind, kann schon 10 Prozent weniger Gewicht Ihren Ge-
sundheitszustand signifikant verbessern (Senkung des Blutdrucks, des Cholesterin-
spiegels und des Risikos, an Typ-2-Diabetes zu erkranken). Essen Sie also weniger,
bewegen Sie sich mehr und nehmen Sie nährstoffreiche Vollwertnahrungsmittel wie
Chiasamen in Ihren Speiseplan auf.

Aus einer neueren Studie, die im *British Journal of Nutrition* veröffentlicht wurde,
geht hervor, dass Chiasamen in einer Saccharose (Zucker)-reichen Ernährung bei
Ratten nicht nur eine positive Auswirkung auf die Blutfettwerte (wie Cholesterin
und Triglyzeride) und die Insulinresistenz hatte, sondern auch das viszerale Fettgewebe (also das Fettgewebe um die inneren Organe, das beim Menschen mit einem
erhöhten Risiko für bestimmte chronische Krankheiten wie Herzerkrankungen und
Diabetes in Verbindung gebracht wird) schmelzen ließ. Zwar nahmen alle Ratten
die gleiche Menge von Kalorien zu sich und legten auch an Gewicht zu, doch die
Gruppe, die das mit Chiasamen angereicherte Futter bekommen hatte, hatte am
Ende des zweimonatigen Studienzeitraums etwas weniger zugenommen als die
Kontrollgruppe.

Chiasamen sind auch eine ausgezeichnete Nahrungsquelle für Kalzium, das nach
Meinung der Wissenschaftler ebenfalls Gewichts- und Fettverlust begünstigt. Tatsächlich scheint ein Zusammenhang zwischen einer niedrigen Kalzium-Aufnahme –
weniger als die empfohlene Tagesdosis für die meisten Erwachsenen in Höhe von
1000 bis 1200 Milligramm – und einem höheren Körpergewicht zu bestehen. Möglicherweise erhöht Kalzium die Fettverbrennung nach den Mahlzeiten und die
Fettausscheidung (und verhindert damit, dass Fett ins Blut aufgenommen wird).
Auf jeden Fall können Sie Ihren täglichen Kalziumbedarf mit Chiasamen leicht
decken, denn diese winzigen Samen enthalten fünfmal mehr Kalzium als Milch.
So liefern 2 Esslöffel (25 Gramm) Chiasamen etwa 150 Milligramm Kalzium, was
12 bis 15 Prozent Ihres täglichen Bedarfs entspricht. Dem stehen 282 Milligramm
Kalzium gegenüber, die in 240 Millilitern Vollmilch enthalten sind.

Praktische Tipps

Chiasamen können Sie sehr einfach in Ihren normalen Speiseplan integrieren, sie sind äußerst ballaststoffreich, zügeln Ihren Appetit und beugen Heißhungeranfällen vor. Dadurch fühlen Sie sich länger satt und es fällt Ihnen leichter, Ihr Wohlfühlgewicht zu erreichen und zu halten. Hier ein paar einfache Tipps, wie Sie Chiasamen in Ihre Ernährung einbauen können:

- Setzen Sie einfach jeden Tag 2 Esslöffel (25 Gramm) Chiasamen auf Ihren gewohnten Speiseplan, um Ihre Ballaststoffaufnahme um 10 Gramm zu steigern. Beginnen Sie langsam, indem Sie 25 Gramm Chiasamen über den Tag verteilt (immer mal wieder 1 Teelöffel) zusätzlich zu Ihrer normalen Ernährung zu sich nehmen. Das ist eine einfache Methode, um Ihren Ballaststoffkonsum zu erhöhen und die beschriebene Ballaststofflücke zu schließen.
- Probieren Sie die Chia-Rezepte in diesem Kapitel aus, um Ihre natürliche Ballaststoffaufnahme zu steigern – und Ihre Lust auf Süßes oder Herzhaftes auf gesunde Weise zu befriedigen. Starten Sie mit einem cremigen Vanille-Chia-Pudding (Seite 30), leckeren Mandel-Chia-Pfannkuchen (Seite 32) oder einem pikanten Zitrus-Beeren-Smoothie (Seite 28) in den Tag. Gönnen Sie sich ein köstliches und sättigendes Mittag- oder Abendessen in Form eines herzhaften Vollkorn-Basmati-Pilaws (Seite 37) oder eines Grapefruit-Avocado-Salats mit Mangostan-Chia-Dressing (Seite 31). Und für den kleinen Hunger zwischendurch gibt es süße und salzige Snacks wie Chia-Grünkohl-Chips (Seite 38), die kinderleicht zuzubereiten sind, Gojibeeren-Riegel (Seite 42) oder die leckeren Chia-Ingwer-Makronen (Seite 41).
- Sie haben keine Zeit, neue Rezepte auszuprobieren? Dann geben Sie in Ihre Lieblingsgerichte zu Hause einfach Chiasamen. Streuen Sie 1 oder 2 Teelöffel Chiasamen in frisch gepresste Säfte, Smoothies, Suppen, Salate und Müslis.
- Trinken Sie viel Wasser. Ausreichend Flüssigkeit aufzunehmen ist ebenfalls ein wichtiger Aspekt, wenn Sie Gewicht verlieren wollen. Denn manchmal verwech-

selt unser Körper einen Mangel an Flüssigkeit mit Hunger. Wenn Sie genug Wasser trinken, hilft das zudem, die anfänglichen Verdauungsschwierigkeiten zu lindern, die auftreten können, wenn man anfängt, ballaststoffreiche Lebensmittel zu sich zu nehmen. Steigern Sie Ihre Ballaststoffaufnahme unbedingt schrittweise und achten Sie darauf, mehr Wasser zu trinken, d. h. mindestens 8 bis 10 Gläser (jeweils à 240 Milliliter) reines Wasser täglich.

Haben Sie das gewusst?

Ob und was Sie frühstücken, kann der Schlüssel zu Ihrem dauerhaften Wohlfühlgewicht sein. Aus der Datenbank *The National Weight Control Registry*, in der gegenwärtig mehr als 10.000 Personen registriert sind, die mindestens 14 Kilo abgenommen und dieses Gewicht mindestens ein Jahr lang gehalten haben, geht hervor, dass 78 Prozent der Betroffenen regelmäßig ein Frühstück zu sich nehmen. Mit dem Frühstück unterbrechen Sie Ihre nächtliche Nüchternheit und bringen Ihren Stoffwechsel in Schwung. Es kann Ihnen auch helfen, tagsüber und vor allem später am Tag weniger Kalorien aufzunehmen. Studien haben gezeigt, dass Menschen, die frühstücken, tendenziell eher weniger essen und weniger wiegen als solche, die das Frühstück ausfallen lassen.

Auch wenn Sie ein überzeugter Frühstücksgegner sind, probieren Sie doch einfach einmal aus: Frühstücken Sie nur eine Woche lang. Sie werden überrascht sein, denn nach einigen Tagen werden Sie nach dem kleinen, sättigenden Frühstück tatsächlich beginnen, tagsüber weniger zu essen (und vielleicht sogar bis zum Ende der Woche 1 Pfund abgenommen haben). Neben den Rezepten in diesem Kapitel sind andere gute Frühstücksideen mit Chiasamen auch der Sonnenschein-Muntermacher-Smoothie (Seite 62), das einfache Morgenmüsli (Seite 93) und das Superbeeren-Haferflocken-Müsli (Seite 120). Jedes einzelne liefert Ihnen genau die richtige Menge an Energie und Ausdauer, die Sie von der ersten Mahlzeit des Tages erwarten und die Ihnen Schwung für den ganzen Tag verleiht.

Chiasamen für ein gesundes Körpergewicht

Feurige Zitronen-Chia-Fresca

Dieser Drink ist die scharfe Variante der traditionellen Zitronen-Chia-Fresca mit Cayennepfeffer, der ihr den feurigen Kick verleiht, damit Sie morgens gut in Schwung kommen. Capsaicin ist ein Wirkstoff, dem der Cayennepfeffer seine Schärfe verdankt. Er bringt Ihren Stoffwechsel auf Trab. Und das Vitamin C im Zitronensaft stimuliert die Entgiftung durch die Leber.

480 ml Wasser
3 EL frisch gepresster Zitronensaft
2 TL Chiasamen
1 EL Ahornsirup
ein paar Prisen Cayennepfeffer
(nach Belieben)

Wasser, Zitronensaft, Chiasamen und Ahornsirup in ein großes Gefäß mit fest verschließbarem Deckel geben (ich bevorzuge ein Einmachglas oder ein großes Marmeladenglas mit Schraubverschluss) und gut schütteln, damit sich alle Zutaten vermischen. Etwa 10 Minuten stehen lassen und dabei nochmals 1- bis 2-mal durchschütteln.

Den Drink in ein Glas gießen, etwas Cayennepfeffer dazugeben und servieren.

Im Kühlschrank hält sich die Fresca in einem luftdicht verschlossenen Behälter 2 bis 3 Tage.

Ergibt: 1 bis 2 Portionen

Granatapfel-Grüntee-Chia-Fresca

Grüntee und Granatapfel sind ein gesundes Geschmacksduo und zugleich Kraftpakete voller Antioxidantien, die gut für Ihr Herz – und Ihre schlanke Linie – sind. Wissenschaftler haben entdeckt, dass die in Grüntee enthaltenen Katechine den Stoffwechsel mäßig anregen und dabei das Körpergewicht und -fett abbauen helfen. Bei diesem Rezept schlage ich vor, reinen Granatapfelsaft mit grünem Jasmintee zu kombinieren, da dieser weniger bitter und etwas süßer im Geschmack ist als andere grüne Tees. Aber Sie können natürlich auch gern Ihren Lieblingsgrüntee (lose oder im Teebeutel) für diesen erfrischenden und nährstoffreichen Drink verwenden.

360 ml grüner Bio-Jasmintee,
  eisgekühlt
120 ml naturreiner Granatapfelsaft
1 TL frisch gepresster Limettensaft
2 TL Chiasamen
kalt geschleuderter Honig (aus der
  Region, nach Belieben)

Aufgebrühten und eisgekühlten Grüntee, Granatapfelsaft, Limettensaft, Chiasamen und Honig in ein großes Gefäß mit fest verschließbarem Deckel geben (Einmachglas oder großes Marmeladenglas mit Schraubverschluss) und gut schütteln, damit sich alle Zutaten vermischen. Etwa 10 Minuten stehen lassen und dabei nochmals 1- bis 2-mal durchschütteln. Am besten gut gekühlt servieren und genießen.

Im Kühlschrank hält sich die Fresca in einem luftdicht verschlossenen Behälter 2 bis 3 Tage.

Ergibt: 1 bis 2 Portionen

Pikanter Zitrus-Beeren-Smoothie

Frisch gepresster süßer Orangensaft passt bestens zu dem reinen Mangostan-Saft, der den Stoffwechsel und die Fettverbrennung anregt, und zu Kokosöl – zwei meiner Lieblings-Abnehmhelfer. Mit ballaststoffreichen Chiasamen und Himbeeren (die mit ihren etwa 8 Gramm Ballaststoffen pro 125 Gramm zu den ballaststoffreichsten Beeren überhaupt gehören) regt er Ihre Verdauung an, während das Supergewürz Cayennepfeffer, das auch als natürlicher Appetithemmer zu wirken scheint, Ihren Geschmackspapillen und Ihrem Stoffwechsel einen ordentlichen Kick gibt.

360 ml frisch gepresster **Orangensaft**
60 ml reiner **Mangostan-Saft**
375 g tiefgefrorene **Himbeeren**
375 g tiefgefrorene **Pfirsichscheiben**
1 EL **Chiasamen**
1 EL **Kokosöl** in Rohkostqualität, flüssig (eventuell leicht erwärmen)
ein paar Prisen **Cayennepfeffer** (nach Belieben)

Alle Zutaten (außer dem Cayennepfeffer) in einen Hochgeschwindigkeitsmixer geben und pürieren, bis Ihr Smoothie schön cremig ist.

Den Smoothie in ein Glas gießen, etwas Cayennepfeffer darüberstreuen und servieren.

Ergibt: 1 bis 2 Portionen

Cremiger Vanille-Chia-Pudding

Chia-Pudding ist ideal zum Frühstück, als Snack oder einfach, wenn Sie Lust auf Süßes haben. Sie enthalten eine geballte Ladung sättigender Ballaststoffe. Bereits eine Portion dieses ballaststoffreichen Puddings liefert etwa 10 Gramm Ballaststoffe (aus den Chiasamen und den von Natur aus süßen Datteln). Ich verwende am liebsten dicke, cremige ungesüßte Kokosmilch in meinen Chia-Puddings, aber Sie können auch Ihre vegane Lieblingsmilch dafür nehmen. Wenn Sie natürlich gesüßte Milch verwenden, sollten Sie allerdings die Datteln weglassen, da der Pudding sonst zu süß wird.

480 ml Kokosmilch, ungesüßt

4 Datteln, entkernt

1½ TL naturreiner Vanilleextrakt

½ Vanilleschote, ausgekratztes Mark, oder zusätzlich noch ½ TL naturreiner Vanilleextrakt

100 g Chiasamen

Ahornsirup (nach Belieben)

Kokosmilch, Datteln, Vanilleextrakt und Vanillemark in einen Hochgeschwindigkeitsmixer geben und pürieren, bis eine cremige Masse entsteht. Diese in einen Behälter mit fest verschließbarem Deckel geben (Einmachglas, großes Marmeladenglas mit Schraubverschluss oder eine Frischhaltedose aus Glas). Chiasamen dazugeben und gut schütteln. Sie können die Flüssigkeit auch in eine Schüssel gießen und die Chiasamen unterrühren. Das Ganze 30 Minuten stehen lassen und dabei alle 5 bis 10 Minuten durchschütteln oder umrühren, bis es schön sämig geworden ist. Den Pudding in Servierschalen gießen, Ahornsirup darüberträufeln und servieren.

Ergibt: 3 bis 4 Portionen

Grapefruit-Avocado-Salat mit Mangostan-Chia-Dressing

Dieser leichte und trotzdem sättigende Salat ist eine Kombination aus verschiedenen Superfoods, die Ihr Wohlfühlgewicht und Ihre Gesundheit fördern: süße, fruchtig-herbe Grapefruit, die Blutzuckerspitzen nach den Mahlzeiten abmildern kann und so die Gewichtsabnahme unterstützt, cremige Avocadostücke, reich an Antioxidantien und Fetten, die gut für Ihr Herz sind (und nur 50 Kalorien pro Portion haben) und dazu ein köstliches, mit Chiasamen eingedicktes Mangostan-Dressing.

Für das Dressing:

2 EL reiner Mangostan-Saft

1 EL frisch gepresster Zitronensaft

1 EL Olivenöl extra vergine

1½ TL Chiasamen

1 TL kalt geschleuderter Honig (aus der Region)

Meersalz und frisch gemahlener schwarzer Pfeffer (nach Belieben)

Für den Salat:

1 Herz eines Romanasalats, in Streifen geschnitten

3 rosa Grapefruits, in Spalten zerteilt und klein geschnitten

1 Avocado, halbiert, entkernt, geschält und in Stücke geschnitten

60 g gehackte Walnüsse

Dressing: In einer kleinen Schüssel den Mangostan- und den Zitronensaft mit dem Olivenöl, den Chiasamen, Honig, Meersalz und frisch gemahlenem schwarzen Pfeffer verquirlen. Beiseitestellen und etwa 10 Minuten quellen lassen.

Salat: Den Salat, die Grapefruit- und Avocadostücke sowie die Walnüsse in eine Servierschüssel geben. Mit 2 bis 3 Esslöffeln Dressing beträufeln, alles locker mischen und servieren.

Ergibt: 3 Portionen

Mandel-Chia-Pfannkuchen

Diese lockeren Pfannkuchen sind ein köstliches Frühstück und schenken Ihnen durch die gemahlenen Chiasamen und das fein gemahlene Mandelmehl viel sättigende Ballaststoffe und Proteine. Servieren Sie die Pfannkuchen mit frischem Obst oder beträufeln Sie sie mit Ahornsirup. Sie können auch etwa 1 Tasse (oder mehr) frisches Obst der Saison direkt in den Pfannkuchenteig geben. Meine Lieblingsfrüchte dafür sind im Sommer frische Heidelbeeren und im Herbst kleine Apfelstückchen.

200 g glutenfreies Mehl

30 g fein gemahlene Mandeln (Mandelmehl)

50 g gemahlene Chiasamen

1 EL Backpulver

½ TL Salz

¼ TL gemahlener Zimt

360 ml Mandelmilch

60 ml kalt gepresstes Rapsöl (möglichst in Bio-Qualität, zusätzlich etwas Rapsöl zum Braten)

2 große Eier (am besten Bio-Eier aus artgerechter Tierhaltung)

½ TL naturreiner Vanilleextrakt

¼ TL naturreiner Mandelextrakt

Mehl, fein gemahlene Mandeln, Chiasamen, Backpulver, Salz und Zimt in eine mittelgroße Schüssel geben und vermengen. In einer großen Schüssel Mandelmilch, Öl, Eier und die Extrakte verquirlen. Dann die Mehlmischung in die Milchmischung geben und unterrühren, bis sich alle Klümpchen aufgelöst haben.

Etwas Rapsöl in einer Pfanne mit Antihaft-Beschichtung oder einer anderen Pfanne erhitzen. Für jeden Pfannkuchen etwa 60 Milliliter Pfannkuchenteig in die Pfanne geben. Dann die Pfannkuchen auf jeder Seite 3 bis 4 Minuten bei mittlerer Hitze goldbraun backen. Noch warm servieren.

Ergibt: etwa 12 kleine Pfannkuchen (ungefähr handtellergroß)

Gegrillter Spargel mit Balsamico-Chia-Dressing

Zum Hauptgericht eine Beilage mit Essig zu servieren, wie etwa einen Salat oder ein Gemüsegericht mit einem Dressing ist eine ideale Möglichkeit, um beim Abnehmen von den guten Eigenschaften des Essigs zu profitieren. Forschungsergebnisse zeigen, dass Essig das Sättigungsgefühl und die Verweildauer des Essens im Magen erhöht (Sie fühlen sich länger gesättigt). Studien belegen, dass Personen, die mit ihren Mahlzeiten (hauptsächlich morgens) Essig zu sich nehmen, tagsüber etwa 200 Kalorien weniger aufnehmen als andere, die keinen Essig konsumieren. Lassen Sie sich dieses leckere Dressing über Ihrem gegrillten oder gebratenen Lieblingsgemüse schmecken.

Für das Dressing:

3 EL Olivenöl extra vergine

1 EL Balsamico-Essig

1 kleine Knoblauchzehe, zerdrückt

1½ TL Chiasamen

1 TL frische Petersilie, fein gehackt

1 TL frisches Basilikum, in feine Streifen geschnitten

Meersalz und frisch gemahlener schwarzer Pfeffer (nach Belieben)

Für den Spargel:

½ kg Spargel, geschält und von verholzten Enden befreit

Olivenöl extra vergine zum Bestreichen

Meersalz und frisch gemahlener schwarzer Pfeffer (nach Belieben)

Dressing: Olivenöl, Essig, Knoblauch, Chiasamen, Petersilie, Basilikum, Meersalz und frisch gemahlener schwarzer Pfeffer in einer kleinen Schüssel verquirlen. Beiseitestellen und etwa 10 Minuten quellen lassen.

Spargel: Eine Grillpfanne erhitzen. Die Spargelstangen bei mittlerer Hitze nebeneinander in die Pfanne legen, mit Olivenöl bestreichen und mit Meersalz und frisch gemahlenem schwarzen Pfeffer würzen. Spargel etwa 5 Minuten grillen, bis er eine schöne braune Farbe angenommen hat

Auf einer Servierplatte anrichten und mit dem Dressing übergießen. Heiß oder warm servieren.

Ergibt: 3 bis 4 Portionen

Grüne Bohnen mit Zitronen-Knoblauch-Marinade

Diese Beilage ist einfach zuzubereiten, leicht und schmeckt immer wieder lecker. In meiner Kindheit gehörte sie zu jedem Festtagsmenü. Meine Mutter garnierte die mineralienreichen grünen Bohnen immer mit feinen Mandelscheibchen. Ich mag die zusätzliche Knackigkeit der Chiasamen lieber. Servieren Sie dieses Gericht als Beilage, damit mindestens die Hälfte Ihrer Mahlzeit aus einem Gemüsegericht besteht – ebenfalls eine ideale Strategie, um überflüssige Pfunde loszuwerden und sich gesünder zu ernähren.

½ kg frische grüne Bohnen (oder aufgetaute tiefgefrorene)
1 EL Chiasamen
1 EL Olivenöl extra vergine
1 TL frisch gepresster Zitronensaft
1 Knoblauchzehe, geschält und geviertelt
Meersalz und frisch gemahlener schwarzer Pfeffer (nach Belieben)

Die grünen Bohnen etwa 5 Minuten dampfen, bis sie außen knackig, innen weich und immer noch schön grün sind. Dann in eine Servierschüssel geben und mit Chiasamen, Olivenöl, Zitronensaft und Knoblauch anmachen. Etwa 30 Minuten stehen lassen, damit alles gut durchzieht und die Bohnen den Knoblauchgeschmack annehmen. Dann die Knoblauchstücke herausnehmen (wenn Sie es kräftiger mögen, drin lassen, aber nicht mitessen) und mit Meersalz und frisch gemahlenem Pfeffer abschmecken. Heiß oder warm servieren.

Ergibt: 3 bis 4 Portionen

Herzhafter Vollkorn-Basmati-Pilaw

Dieser Vollkorn-Pilaw ist eine herrliche Mischung aus duftendem Vollkorn-Basmatireis, eiweißreichen Edamame-Bohnen (mit über 11 Prozent Proteingehalt), frischem Mais, mineralstoffreichen Kürbiskernen und gesüßten getrockneten Cranberrys – und als Krönung natürlich 3 bis 4 Esslöffel Chiasamen. Servieren Sie dieses Gericht mittags oder abends als sättigende, ballaststoff- und eiweißreiche Hauptmahlzeit.

200 g Vollkorn-Basmati-Reis

480ml Wasser

1 EL Olivenöl extra vergine

½ mittelgroße rote Zwiebel, fein gehackt

2 kleine Knoblauchzehen, zerdrückt

150 g frische Edamame-Bohnen (oder aufgetaute tiefgefrorene), enthülst

150 g frische Maiskörner (oder 160 g aufgetaute tiefgefrorene)

120 g getrocknete Cranberrys, natürlich gesüßt

30 g Kürbiskerne in Rohkostqualität

2 EL Chiasamen

Meersalz und frisch gemahlener schwarzer Pfeffer (nach Belieben)

Den Vollkorn-Reis mit dem Wasser in einen großen Topf geben, zum Kochen bringen und dann bei schwacher Hitze 40 bis 45 Minuten ausquellen lassen, bis der Reis das gesamte Wasser aufgenommen hat.

Öl in einer großen Pfanne erhitzen. Zwiebeln und Knoblauch bei mittlerer Hitze leicht anbraten (etwa 3 Minuten). Edamame-Bohnen und Mais dazugeben und etwa 5 Minuten unter gelegentlichem Umrühren dünsten. Den fertig gekochten Reis in eine Servierschale geben und die Gemüsemischung zusammen mit den Cranberrys, Kürbiskernen und Chiasamen unterheben. Mit Meersalz und frisch gemahlenem Pfeffer abschmecken und servieren.

Ergibt: 4 bis 6 Portionen

Chia-Grünkohl-Chips

Grünkohl ist ein Kraftpaket voller Nähr- und sekundärer Pflanzenstoffe, die Ihre Gesundheit verbessern und helfen können, Krebserkrankungen abzuwehren. Sie können ihn roh essen (zu Saft oder in Smoothies verarbeitet oder in einen Salat gemixt), kochen (dämpfen oder leicht andünsten) oder Chips daraus backen – immer ist er ein wertvolles Grüngemüse, das hilft, gegen verschiedene Krankheiten vorzubeugen. Diese Grünkohl-Chips sind supereinfach herzustellen (Sie brauchen dafür keinen Dörrautomat!) und sind immer ein passender Snack, wenn Sie Appetit auf etwas knusprig Salziges haben.

etwa ½ kg Grünkohl
1 EL Olivenöl extra vergine
2 TL frisch gepresster Zitronensaft
¼ TL Meersalz
2 EL Chiasamen

Zunächst den Backofen auf 150 °C (oder Gas Stufe 2) vorheizen. Die harten Rippen des Grünkohls entfernen und die Blätter in 5 bis 7,5 Zentimeter große Stücke schneiden oder reißen. Grünkohlblätter in eine große Schüssel geben, salzen und Olivenöl sowie Zitronensaft darüberträufeln. Dann die Blätter in der Marinade vorsichtig durchkneten, bis sie anfangen weicher zu werden (etwa 2 bis 3 Minuten lang). Chiasamen darüberstreuen und unterheben, bis die Blätter gut mit den Samen bedeckt sind. Die Grünkohlblätter nun nebeneinander auf 2 große Backbleche legen und 15 Minuten backen. Wenn sie auf der einen Seite schön knusprig sind, etwa nach der Hälfte der Zeit, die Blätter wenden. Die Grünkohlchips auf den Blechen auskühlen lassen und servieren.

In einem luftdicht verschlossen Behälter sind die Chips 2 bis 3 Tage haltbar. Nicht in Plastiktüten verpacken, da sie darin weich werden und zerfallen.

Ergibt: etwa 400 Gramm

Knusprige Mandel-Cranberry-Orangen-Chia-Happen

In dieser süßen und knusprigen Köstlichkeit habe ich drei Geschmacksnoten kombiniert, die ich besonders liebe: Orange und Mandel sowie die milde Süße von getrockneten Cranberrys. Schon eine kleine Handvoll dieses nahrhaften Knuspersnacks gibt Ihnen zwischen den Mahlzeiten einen kleinen Energieschub voller gesunder Nährstoffe.

120 g kalt geschleuderter Honig (aus der Region)

1 EL frisch gepresster Orangensaft

1 TL Orangenschale (von einer Bio-Orange!)

½ TL naturreiner Vanilleextrakt

¼ TL naturreiner Mandelextrakt

1 Prise Meersalz

300 g Mandeln in Rohkostqualität (150 g ganz, 150 g grob gehackt)

90 g getrocknete Cranberrys, natürlich gesüßt, gehackt

50 g Chiasamen

Den Backofen auf 170 °C (oder Gas Stufe 3) vorheizen. Honig, Orangensaft, Orangenschale, Extrakte und Meersalz in einer großen Schüssel verrühren. Die ganzen und gehackten Mandeln, Cranberrys und Chiasamen dazugeben und untermischen, bis die Mandeln gut umhüllt sind. Die Masse esslöffelweise auf ein großes Backblech geben und 25 bis 30 Minuten unter gelegentlichem Wenden backen, bis die Mandeln goldbraun sind. Herausnehmen und zum kompletten Auskühlen auf ein großes Stück Pergamentpapier legen.

Ihre Knusperhäufchen können Sie in einem luftdicht verschlossenen Behälter oder Beutel im Kühlschrank oder Gefrierschrank aufbewahren.

Ergibt: etwa 600 Gramm

Knoblauch-Chia-Hummus

Dieser dickflüssige und unglaublich leckere Hummus enthält jede Menge Eiweiß, Ballaststoffe und Mineralstoffe wie beispielsweise Kalzium. Allein in der Tahinipaste sind davon über 800 Milligramm enthalten. Kalzium unterstützt nicht nur Ihren Knochenaufbau, sondern hilft Ihnen auch beim Abnehmen. Der Cayennepfeffer rundet den Geschmack ab, regt aber auch Ihren Stoffwechsel an und sorgt zusammen mit einer großzügigen Menge Knoblauch dafür, dass Ihre Fettverbrennung in Schwung kommt. Beides hilft Ihnen also, Ihr Wohlfühlgewicht zu erreichen (Forschungsergebnisse zeigen, dass einige der schwefelhaltigen Verbindungen im Knoblauch die Verbrennung von Körperfett begünstigen). Sie können den Hummus mit frischen Gemüsescheiben servieren oder als Aufstrich für Ihre Sandwiches, Veggie-Burger oder Ihr gekeimtes oder glutenfreies Brot verwenden.

480 g Kichererbsen (aus der Dose, abgegossen und kurz abgespült)

120 g Tahinipaste (aus geröstetem Sesam)

5 bis 6 EL frisch gepresster Zitronensaft

6 EL Olivenöl extra vergine

4 bis 6 Knoblauchzehen, zerdrückt

2 EL Chiasamen

1 TL Meersalz oder mehr (nach Belieben)

ein paar großzügige Prisen Cayennepfeffer

Alle Zutaten in einer Küchenmaschine pürieren, bis eine cremige Konsistenz entsteht. Dabei die Masse hin und wieder mit einem Spatel von den Wänden lösen. Schalten Sie dafür die Küchenmaschine kurz aus.

Hält sich im Kühlschrank bis zu 5 Tage.

Ergibt: etwa 750 Gramm

Chia-Ingwer-Makronen

Diese mundgerechten rohen Makronen sind der perfekte Snack, wenn Sie mal wieder Lust auf Süßes mit weichem Kaugenuss haben. Die rohen Mandeln und die Chiasamen liefern eine Extraportion Ballaststoffe, Eiweiß und gesunde Fette – zur Steigerung der Ausdauer. Und der frische geriebene Ingwer bringt feine Wärme und eine außergewöhnliche Geschmacksnote in den Mix. Zur Herstellung dieser Makronen brauchen Sie einen Dörrautomaten.

150 g Mandeln in Rohkostqualität

90 g Kokosraspel in Bio-Qualität

50 g Chiasamen

1 Prise Meersalz

**8 EL Agavendicksaft in Rohkost-
qualität**

**4 EL Kokosöl in Rohkostqualität,
zerlassen,**

1 EL frische Ingwerwurzel, gerieben

1 TL naturreiner Vanilleextrakt

Mandeln in der Küchenmaschine sehr fein mahlen. Mit Kokosraspeln, Chiasamen und Salz in einer mittelgroßen Schüssel vermengen. Den Agavendicksaft mit dem Kokosöl, Ingwer und Vanilleextrakt in einer großen Schüssel verrühren. Die trockene Mandelmischung dazugeben und alle Zutaten sorgfältig vermischen. Mit einem Esslöffel Portionen von der Masse abstechen und auf die Gitterböden des Dörrautomaten setzen, sodass kleine runde Makronen entstehen. Bei etwa 41 °C ungefähr 12 Stunden trocknen lassen. Die Kekse müssen sich trocken anfühlen, aber innen noch weich und leicht klebrig sein. Die warmen Kekse aus dem Dörrautomat nehmen und abkühlen lassen. In einem luftdicht verschließbaren Behälter aufbewahren.

Ergibt: etwa 30 Makronen

Rohe Gojibeeren-Riegel

Diese süßen, leckeren Energieriegel sind eine perfekte Kombination aus der stoffwechselanregenden Kraft der Gojibeeren mit der natürlichen Süße der Datteln und mit knackigen Mandeln und Chiasamen, die jede Menge Eiweiß, Kalzium und Ballaststoffe enthalten. Diese Snackriegel können Sie ganz einfach zubereiten und dann zu Hause oder unterwegs genießen.

270 g Datteln, entkernt

100 g Mandeln in Rohkostqualität

100 g Chiasamen

50 g getrocknete Gojibeeren in Rohkostqualität

2 EL Agavendicksaft in Rohkost-qualität

Legen Sie zunächst ein Fettpapier auf ein Schneidebrett. In einer Küchenmaschine verkneten Sie dann alle Zutaten zu einer klebrigen Masse. Wenn Sie etwas davon zwischen die Finger nehmen, sollte die Masse gut zusammenkleben. Falls sie sich zu trocken anfühlt, arbeiten Sie noch eine Dattel oder einen Spritzer Agavendicksaft ein. Wenn die Masse zu klebrig ist, verarbeiten Sie zusätzlich ein paar Mandeln oder etwas mehr Chiasamen. Nun das Ganze auf das Brett geben und in der Mitte des Bretts zu einer großen Kugel formen. Ein zweites Fettpapier darauflegen und die Kugel mit der flachen Hand platt drücken. Mit einem Nudelholz bis auf eine Dicke von ca. 1 Zentimeter (auf dem Fettpapier) zu einem Rechteck ausrollen (ggf. die Ränder abschneiden). In Riegel von 2,5 Zentimetern Breite und 7,5 Zentimetern Länge schneiden und beiseitelegen. Den Rest wieder zusammenkneten, erneut ausrollen und in Riegel schneiden. Wiederholen Sie diesen Vorgang, bis keine Masse mehr übrig ist. In einem luftdicht verschließbaren Behälter aufbewahren. Einzelne Lagen jeweils durch Fettpapier trennen.

Ergibt: 12 bis 15 Riegel

KAPITEL 2

Ausdauernd und fit: Chiasamen als Energielieferant

Als ich vor über zehn Jahren angefangen habe mit Sportlern zusammenzuarbeiten, merkte ich bald, dass fast jeder – vom Gelegenheits- und Freizeitsportler bis hin zum Leistungs- und Profisportler – nicht nur gute Leistungen erbringen, sondern auch seine Gesundheit erhalten will. Viele wollten zwar schneller werden, ihre Leistung steigern oder mehr Ausdauer entwickeln, aber viele kämpften auch häufig mit gesundheitlichen Problemen wie Erschöpfung, häufigen Erkältungen und Infektionen (vor allem nach großen Anstrengungen wie Marathonläufen etc.) sowie Verdauungsbeschwerden, was nicht nur ihre Leistung, sondern auch ihren Alltag beeinträchtigte.

Als Ernährungsberaterin für Sportler musste ich eine geeignete Ernährung finden, um ihr Training zu unterstützen und ihre Gesundheit zu fördern. Sie sollten lernen, wie sie vollwertige Lebensmittel mit der höchsten Nährstoffdichte ganz einfach in ihren Speiseplan integrieren können, um in Topform zu sein, und zwar auf dem Sportplatz(sowie auf dem Fahrrad oder der Laufstrecke) genauso wie im Privatleben zu Hause. Eine zentrale Rolle in der Sportlerküche spielen in den letzten Jahren die nährstoffreichen Chiasamen – zusammen mit einer Reihe anderer Superfoods.

Einfache Nahrung für Läufer und andere Sportler

Chiasamen sind ein ideales Supernahrungsmittel für fast jeden Sportler oder aktiven Menschen. Der Name stammt aus der Sprache der Mayas und bedeutet „Kraft, Stärke". Bei den Mayas und den Azteken galten Chiasamen als Grundnahrungsmittel, mit dem sie ihre Stärke, Energie und Ausdauer verbesserten. In seinem Buch Born to Run: Ein vergessenes Volk und das Geheimnis der besten und glücklichsten Läufer der Welt berichtet der Autor Christopher McDougall, dass die Tarahumara-Indianer in Mexiko Chiasamen essen, um beim Laufen über lange Distanzen über genügend Energie und Ausdauer zu verfügen. Wegen dieses Buchs werden diese Powersamen auch häufig „Nahrung für Läufer" genannt und bei Sportlern – insbesondere bei Ausdauersportlern – immer beliebter.

Chiasamen enthalten sowohl energiespendende Kohlenhydrate als auch leicht verdauliche und hochwertige Proteine. Dadurch wird Ihr Körper kontinuierlich mit ausreichend Energie versorgt, um aktiv zu sein und in Bewegung zu bleiben, ohne dass Sie einen Leistungsabfall oder Muskelkater befürchten müssen. Aber Chiasamen geben Ihnen nicht nur genügend Energie, um leistungsstark zu sein, sondern versorgen Ihren Körper auch mit einer Vielzahl an Mineralstoffen für Knochenaufbau und Blutbildung, mit entzündungshemmenden Fetten und zellschützenden Antioxidantien. Damit wird den stressbedingten Auswirkungen von intensivem Training und Sport entgegengewirkt. Fast genauso wichtig wie ihr hoher Nährstoffgehalt – oder für häufig trainierende Sportler sogar noch wichtiger – ist die Mühelosigkeit, mit der sich Chiasamen in den Speiseplan von Sportlern einbauen lassen. Lang andauernde Trainingsprogramme lassen den Sportlern häufig nur wenig Zeit, um sich Mahlzeiten und Snacks in der Küche selbst zuzubereiten. Deshalb vertrauen viele sportlich Aktive (und vielleicht auch Sie) im Alltag auf im Handel erhältliche, abgepackte Energieriegel, Fertigmüslis und Energy-Drinks als „Brennstoff" für ihre Aktivitäten und ihr Training. Solche verarbeiteten Nahrungsmittel liefern Ihnen vielleicht die nötigen Kalorien, die Sie brauchen, aber häufig nur wenig echte Nährstoffe. Vollwertige Lebensmittel wie Chiasamen versorgen Ihren Körper mit den Nährstoffen, die Sie brauchen, um aktiv, fit und gesund zu sein. Von supereinfachen Smoothies bis hin zu Energieriegeln, die Sie nicht einmal backen müssen, finden Sie in diesem Kapitel jede Menge Rezepte, wie Sie diese Supersamen mit Leichtigkeit in Ihren Ernährungsplan für Sportler aufnehmen können.

Kohlenhydrat- und eiweißreiche Supersamen für eine nachhaltige Versorgung mit Energie

Chiasamen enthalten eine optimale Mischung aus energieausgleichenden Kohlenhydraten und Proteinen. Studien zeigen, dass für die Ernährung von Sportlern – insbesondere von Ausdauersportlern – eine angemessene Zufuhr an Kohlenhydraten entscheidend ist. Wissenschaftler konnten nämlich feststellen, dass zu wenig Kohlenhydrate in der täglichen Ernährung das Leistungsvermögen und das Ausdauerpotenzial beeinträchtigen kann. Das bedeutet, dass Sie nicht so lange durchhalten oder am Ende Ihres Trainings oder Wettkampfs keine Leistung mehr erbringen können. Denn wenn die Kohlenhydratspeicher Ihres Körpers erschöpft sind, kann es zum schlagartigen Leistungsabfall kommen, den man als „Hungerast" oder manchmal auch als „vor die Wand laufen" bezeichnet. Das passiert, wenn Ihrem Körper und Gehirn plötzlich Kohlenhydrate fehlen – denn dies ist der Brennstoff, den sie unbedingt brauchen. Wie können Sie also Ihre Kohlenhydratzufuhr und -speicher verbessern? Wie viele Kohlenhydrate müssen Sie täglich zu sich nehmen? Und wie können dabei Chiasamen Ihr Training wirksam unterstützen?

Die Zufuhr und Speicherung von Kohlenhydraten in Muskeln und Leber (die sogenannten Glykogenspeicher) können Sie verbessern, indem Sie regelmäßig kohlenhydratreiche Lebensmittel verzehren. Die empfohlene Tagesdosis ist individuell ganz unterschiedlich; sie hängt u. a. von der Sportart, Intensität und Dauer Ihres Trainings ab. In der Regel gehen Wissenschaftler jedoch davon aus, dass die meisten Sportler pro Tag etwa 6 bis 10 Gramm Kohlenhydrate pro Kilogramm Körpergewicht brauchen. Für einen Sportler mit einem Körpergewicht von 68 Kilogramm wären das also etwa 405 bis 675 Gramm Kohlenhydrate täglich.

Auf meinen Rat, sich täglich regelmäßig mit kohlenhydratreichen Nahrungsmitteln zu versorgen, könnten Sportler kaum unterschiedlicher reagieren: Die einen reagieren mit einem absoluten Glücksgefühl und die anderen mit großem Schrecken bei dem Gedanken, sich Unmengen von Gebäck, Brot, Fertigmüsli und Pasta essen zu müssen. Aber genau das ist es ja nicht! Ich ermutige die Sportler – und natürlich auch Sie – die leeren Kalorien von stark verarbeiteten Nahrungsmitteln wegzulassen und stattdessen vollwertige Lebensmittel mit einer hohen Nährstoffdichte (wie Chiasamen!) zu sich zu nehmen. Damit können Sie Ihren täglichen Bedarf mit Leichtigkeit decken. Gute Beispiele dafür sind Vollkornprodukte, Pseudogetreide wie Amarant und Quinoa (nähere Informationen zu Vollkorn und Pseudogetreide finden Sie in Kapitel 1 auf Seite 12), stärkehaltiges Gemüse wie Süßkartoffeln, Rüben, Rote Bete und Karotten, Hülsenfrüchte wie Bohnen, Erbsen und Linsen, eine Vielzahl von frischem Obst und Trockenobst sowie Nüsse und Mandeln. Und 2 bis 2½ Esslöffel Chiasamen (25 bis 30 Gramm) enthalten schon etwa 12 Gramm Kohlenhydrate – dieselbe Menge, die in einer ganzen frischen Frucht, einer Scheibe Vollkornbrot oder 240 Millilitern Milch enthalten ist.

Wissenschaftler haben entdeckt, dass Chiasamen sich auch ausgezeichnet für ein wirksames Carboloading eignen. Mit „Carboloading", also dem Aufladen mit Kohlenhydraten, ist Folgendes gemeint: In den Tagen vor dem Wettkampf (dabei handelt es sich normalerweise um einen Wettkampf von über 90 Minuten) soll der Sportler mehr und mehr Kohlenhydrate zu sich nehmen, während er gleichzeitig sein Training reduziert. Zweck dieser Strategie ist das Auffüllen der Kohlenhydratspeicher im Körper und damit die Verbesserung des Leistungsvermögens. Forscher der Universität von Alabama in Auburn haben 2011 im Journal of Strength and Conditioning Research eine kleine Studie veröffentlicht, der zufolge ein Sportgetränk, das zu 50 Prozent aus Chiasamen bestand, genauso wirksam für das Carboloading war wie ein traditionelles Sportgetränk – mit ähnlich positiven Auswirkungen auf die Leistung der Läufer. Außerdem hat das Sportgetränk auf Chiasamen-Basis noch andere gesundheitliche Vorzüge, insbesondere für Sportler, die weniger Zucker zu sich nehmen und mehr Eiweiß und Omega-3-Fettsäuren zuführen wollen: eine verbesserte Gesundheit ohne Leistungseinbußen.

Kohlenhydratgehalt von verschiedenen pflanzlichen Nahrungsmitteln

Sportler können ihren Bedarf an Kohlenhydraten mit einer Vielzahl von vollwertigen Lebensmitteln leicht decken. Die Kohlenhydrate in Vollkornprodukten, Pseudogetreide, Hülsenfrüchten, Gemüse, Obst sowie Nüssen, Mandeln und Samen (wie Chiasamen) tragen alle zu Ihrer täglichen Kohlenhydratzufuhr bei.

Vollkorn- oder Naturreis (200 Gramm), Mittelkorn, gekocht: 45,8 Gramm

Kichererbsen (160 Gramm), gekocht: 45 Gramm

Linsen (200 Gramm), gekocht: 39,9 Gramm

Quinoa (180 Gramm), gekocht: 39,4 Gramm

Kartoffel (1 mittelgroße), mit Schale, im Ofen gebacken: 36,6 Gramm

Haferflocken, kernige oder Instant Flocken (80 Gramm), mit Wasser gekocht: 28,1 Gramm

Banane (1 mittelgroße): 27 Gramm

Süßkartoffel (1 mittelgroße), mit Schale, im Ofen gebacken: 23,6 Gramm

Rosinen (30 Gramm oder 60 Rosinen), kernlos: 22,5 Gramm

Chiasamen (etwa 30 Gramm): 11,9 Gramm

Vollkorn-Weizenbrot, handelsüblich (1 Scheibe): 11,6 Gramm

Mandeln (30 Gramm oder 23 Mandelkerne): 6,1 Gramm

Quelle: *National Nutrient Database des USDA* (Landwirtschaftsministerium der Vereinigten Staaten) als Standardreferenzwerte, Ausgabe 25. *http://ndb.nal.usda.gov*

Hochwertiges Protein für Kraft- und Ausdauersportler

Für Kraft- und Ausdauersportler ist es besonders wichtig, nicht nur ausreichend Kohlenhydrate, sondern auch genügend Proteine in ihre Ernährung aufzunehmen. Bei Ausdauersportlern sorgt die erhöhte Eiweißaufnahme dafür, dass der Zucker langsamer ins Blut abgegeben wird. Damit wird eine gleichmäßigere Energiezufuhr beim Training gewährleistet. Zusammen mit genügend Kalorien und Kohlenhydraten wird so garantiert, dass die Aminosäuren (die Bausteine, aus denen Eiweiß besteht) für den Muskel- und Gewebeaufbau verwendet – und nicht zur Energiegewinnung verbrannt werden. Das kann nämlich passieren, wenn Sie zu wenig Kalorien oder Kohlenhydrate zu sich nehmen. Wenn Kraft- und Ausdauersportler ausreichend Eiweiß über die Nahrung aufnehmen, können Muskeln und Gewebe besser wachsen, können sich die Muskeln nach den Anstrengungen des Trainings leichter erholen und regenerieren. Und wenn Sie die Proteine erst im Anschluss an das Training aufnehmen, können Sie sogar Ihren Muskelkater lindern.

Unter Experten ist nach wie vor strittig, ob Sportler überhaupt einen erhöhten Eiweißbedarf haben. Manche gehen davon aus, dass ein Sportler, der genug Kalorien für sein Training und für die Aufrechterhaltung seines Gewichts zu sich nimmt, auch automatisch seinen Proteinbedarf deckt. Doch andere – darunter auch ich – sind überzeugt, dass Sportler mehr als die üblicherweise empfohlene Tagesdosis von 0,8 Gramm Protein pro Kilogramm Körpergewicht benötigen. Das gilt vor allem für die Sportler, die abnehmen und zugleich ihre fettfreie Körpermasse (*lean body mass* = LBM) erhalten wollen, aber auch für diejenigen, die sich streng vegetarisch oder vegan ernähren. Dabei hilft jede noch so kleine Eiweißmenge in der Nahrung – auch die knapp 5 Gramm in 2 bis 2½ Esslöffeln Chiasamen –, um Ihren Bedarf zu decken.

Die meisten wissenschaftlichen Studien plädieren für eine Eiweißaufnahme von 1,2 bis 1,4 Gramm pro Kilogramm Körpergewicht für Ausdauersportler und 1,2 bis 1,7 Gramm für Kraftsportler. Für einen Sportler mit einem Gewicht von 68 Kilo bedeutet das eine relativ große Bandbreite zwischen 75 und 120 Gramm Protein pro Tag.

Tierisches Eiweiß wie in Molke und Kasein werden in der Regel ebenso wie pflanzliches Eiweiß (z. B. in Sojabohnen) als qualitativ hochwertiges und vollständiges Eiweiß angesehen, das für Sportler und Nichtsportler gleichermaßen gut geeignet ist. Soja- und Milchprodukte enthalten allerdings Nahrungsmittelallergene, also Substanzen, die Allergien auslösen können. Für Personen mit einer entsprechenden Disposition sind sie also nicht immer gut zu verträglich und oft schlecht verdaulich.

Mit ihren fast 5 Gramm Eiweiß pro 2 bis 2½ Esslöffel (etwa 30 Gramm) können Chiasamen Ihre Ernährung einfach verbessern. Zusammen mit anderen eiweißreichen pflanzlichen Lebensmitteln wie Quinoa (eine Nahrungsquelle mit vollständigem Protein, das alle essenziellen Aminosäuren enthält), Hanfsamen (die etwa 5 Gramm Eiweiß pro Esslöffel Hanf-Proteinpulver enthalten), Vollkornprodukten und Hülsenfrüchten liefern sie die ganze Palette an essenziellen Aminosäuren, die Ihr Körper braucht.

KOMPLETTE PROTEINE

Aminosäuren sind die Bausteine von Eiweiß, und die sogenannten vollständigen oder kompletten Proteine enthalten eine ausgewogene Menge aller neun essenziellen Aminosäuren (d. h. ein vollständiges Aminosäureprofil). Die Proteine in tierischen Lebensmitteln (wie Fleisch, Geflügel, Fisch, Eiern und Milchprodukten), Soja-Produkten (wie Edamame-Bohnen, Tofu und Tempeh) und Quinoa werden als vollständiges oder komplettes Eiweiß eingestuft. Obwohl Chiasamen alle essenziellen Aminosäuren enthalten, gilt ihr Protein nicht als vollständig, da es nur wenig Lysin enthält. Wenn Sie aber jeden Tag verschiedene eiweißreiche pflanzliche Lebensmittel – einschließlich Chiasamen – zu sich nehmen, können Sie Ihren Proteinbedarf leicht decken und genug essenzielle Aminosäuren aufnehmen, wie sie Ihr Körper braucht. Genießen Sie einfach jeden Tag unterschiedliche Vollkornprodukte und Pseudogetreidesorten (wie Amarant und Quinoa), Hülsenfrüchte (Bohnen, Erbsen und Linsen) sowie Nüsse und Samen, wie Sacha-Inchi-Samen, Hanfsamen und Chiasamen – Sie brauchen dabei nicht auf eine spezielle Zusammensetzung zu achten!

Eiweißgehalt von verschiedenen pflanzlichen und tierischen Nahrungsmitteln

Sportler (und Nichtsportler) können Ihren Eiweißbedarf leicht abdecken, indem sie eine Vielzahl von eiweißreichen Lebensmitteln mit einer hohen Nährstoffdichte essen. In dieser Tabelle sind einige beliebte Lebensmittel mit hohem Eiweißgehalt aufgeführt.

Wildlachs (Atlantik, 85 Gramm), gekocht oder gebacken: 21,6 Gramm

Linsen (200 Gramm), gekocht: 17,9 Gramm

Edamame-Bohnen (150 Gramm): 16,9 Gramm

Kichererbsen (160 Gramm), gekocht: 14,5 Gramm

Quinoa (180 Gramm), gekocht: 8,1 Gramm

Erdnussbutter (2 Esslöffel oder etwa 30 Gramm), cremig, gesalzen: 8 Gramm

Erbsen (150 Gramm), frisch: 7,9 Gramm

Mandelbutter (2 Esslöffel oder etwa 30 Gramm), naturrein, gesalzen: 6,7 Gramm

Ei (1 großes): 6,3 Gramm

Chiasamen (etwa 30 Gramm): 4,7 Gramm

Mehrkornbrot (1 Scheibe): 3,5 Gramm

Quelle: *National Nutrient Database des USDA* (Landwirtschaftsministerium der Vereinigten Staaten) als Standard-referenzwerte, Ausgabe 25. *http://ndb.nal.usda.gov*

Energie tanken mit Chiasamen – vor, während und nach dem Work-out

Wie Sie bereits wissen, sind Chiasamen eine Kohlenhydrat- und Eiweißquelle mit hoher Nährstoffdichte, die sich für die Ernährung von Sportlern bestens eignet. Aber ihr Nährstoffprofil macht Chiasamen auch zu einem idealen Lebensmittel, das sich leicht in die Ernährung rund um das Work-out einbauen lässt. Eine Mahlzeit oder ein Snack vor dem Training soll Ihren Körper mit leicht verdaulichen Brennstoffen versorgen, ohne den Magen zu belasten. In der Regel sollten Sie ungefähr 3 bis 4 Stunden vor der sportlichen Aktivität essen und dabei sowohl Kohlenhydrate als auch Proteine zu sich nehmen, um einen ausgewogenen Blutzuckerspiegel und eine gleichmäßige Energieversorgung zu begünstigen (Das hört sich doch ganz nach Chiasamen an?). Auch nach dem Work-out sollte Ihre Mahlzeit oder Ihr Snack aus Kohlenhydraten und Eiweiß bestehen. Denn nun müssen Sie die erschöpften Kohlenhydratspeicher wieder auffüllen, Ihre Muskeln bei der Regenerierung unterstützen und Ihrem Körper helfen, sich nach dem Sport und zwischen den Trainingseinheiten wieder schnell zu erholen.

Power-Müsli (Seite 65), Linsen-Spalterbsen-Salat mit Sacha-Inchi-Dressing (Seite 68) und samtiger Bananen-Chia-Pudding (Seite 64) sind ideale Mahlzeiten, um Ihren Körper vor Trainingseinheiten mit ausreichend Energie aufzutanken und die Energiespeicher nach dem Training wieder aufzufüllen.

Die meisten Ernährungsexperten sind sich einig, dass Sie kurz vor Ihrem Work-out oder Wettkampf immer mehr kohlenhydratreiche Kost essen sollten – aber ohne die zusätzlichen Eiweiße, Ballaststoffe und Fette, die Ihre Verdauung verlangsamen und Magen-Darm-Beschwerden verursachen können, sobald Sie anfangen sich zu bewegen. Aus diesem Grund wird oft empfohlen, Sportgetränke, Gele, Obst und Obstsäfte bis eine Stunde vor der körperlichen Betätigung zu sich zu nehmen; Chiasamen mit ihrem hohen Anteil an Ballaststoffen und Omega-3-Fettsäuren scheinen in diesem Fall nicht so ideal zu sein. Aber genau hier liegt das Problem: Ich habe festgestellt, dass diese allein auf Zucker basierenden Nahrungsmittel nicht von jedem Sportler gleichermaßen gut vertragen werden.

Aus eigener Erfahrung und durch meine Arbeit mit Sportlern weiß ich, dass der Snack vor jeder körperlichen Anstrengung (Training, Work-out etc.) etwas sehr Persönliches ist, das sowohl von der Sportart als auch von der Intensität und Dauer des Trainings abhängt, aber auch vom Sportler oder der Sportlerin selbst. Wenn Sie beispielsweise sehr empfindlich auf Zucker reagieren, kann ein Snack, der hauptsächlich aus Zucker besteht, dazu führen, dass Sie sich bei Beginn Ihres Trainings schlechter fühlen. Wenn ich vor dem Laufen ein paar einfache kohlenhydratreiche Nahrungsmittel zu mir nahm (wie Banane, Apfelmus oder ein Sportlergetränk), fühlte ich mich beim Laufen oft wirr im Kopf, mir war übel und mein Magen rebellierte. Wenn ich aber meinem Snack etwas Eiweiß hinzufügte, verschwanden diese Symptome und ich konnte mein Energieniveau beim Laufen aufrechterhalten. Also entschied ich mich in der Stunde vor meinem Work-out meist für eine Scheibe

INDIVIDUELLE ERNÄHRUNG FÜR SPORTLER

So wie es keine generelle Ernährung gibt, die für alle passt, gibt es auch keine Ernährung (oder Nahrung) für Sportler, die für jeden gleichermaßen geeignet wäre. Die besten Nahrungsmittel sind also diejenigen, die Ihr Körper am besten verträgt. Wenn Sie nun Chiasamen in Ihren Speiseplan aufnehmen möchten, sollten Sie beim Training mit diesem Power-Food experimentieren, bis Sie die optimale Menge und Einnahmeform gefunden haben (etwa als Chia-Drink, -Energieriegel oder -Gel). Erst dann werden Sie bei Ihren sportlichen Aktivitäten optimal unterstützt und bekommen den richtigen Schwung. Möglicherweise vertragen Sie Chiasamen problemlos, wenn sie Ihrer täglichen Sportlernahrung beigefügt sind – allerdings nicht vor Ihrem morgendlichen Lauf. Vielleicht rebelliert Ihr Magen, wenn Sie Chiasamen während des Trainings zu sich nehmen, aber in Ihren Frucht-Smoothie vor dem Training passen sie perfekt, weil das Eiweiß Sie davor bewahrt aufzugeben, wenn es anstrengend wird. Auf jeden Fall lohnt es sich, mit den nährstoffreichen Chiasamen zu experimentieren – probieren Sie einfach selbst alle möglichen Varianten aus!

gekeimtes Vollkornbrot mit einer dünnen Schicht Mandelbutter oder für eine Banane mit einem kleinen Löffel Erdnussbutter als magenfreundliche Lösungen. Heute empfehle ich meist Chiasamen-Snacks – und esse sie auch selbst –, um ein ausgewogenes Verhältnis von Kohlenhydraten und einer kleinen Menge Eiweiß für den Energieschub zu gewährleisten, den Sie für Ihr Work-out brauchen. Wenn bei Ihnen vor dem Training ein Snack auf Zuckerbasis nicht funktioniert, dann probieren Sie einfach mal, einen kleinen Löffel Chiasamen in Ihr Wasser oder Ihr Sportgetränk hineinzurühren. Oder Sie versuchen einmal, in der Vorbereitungsstunde vor Ihrem Training 1 oder 2 Löffel samtigen Bananen-Chia-Pudding (Seite 64) zu essen oder eine kleine Portion des Sonnenschein-Muntermacher-Smoothies (Seite 62), ein kleines Stückchen vom knusprigen Mandelbutter-Energieriegel (Seite 73) oder ein leckeres Schoko-Maca-Chia-Bällchen (Seite 74) auf Dattelbasis. Wichtig ist, dass Sie dazu viel Wasser, Kokoswasser oder ein Sportgetränk trinken. So können Sie Ihrem Körper den Kohlenhydrat- und einen leichten Eiweißkick verpassen, den er braucht, um sich gut zu fühlen und beste Leistungen zu vollbringen.

Die Idee, Ihren Körper während des Trainings mit einem sofort wirkenden Energieschub – in Form von Kohlenhydraten – zu versorgen, zielt darauf ab, Sie in Bewegung zu halten und zu verhindern, dass Ihr Körper seine eigenen Kohlenhydratspeicher aufbraucht. Experten empfehlen, dem Körper pro Trainingsstunde 30 bis 60 Gramm Kohlenhydrate aus verschiedenen Quellen zuzuführen (sowohl aus Nahrung wie Gel und Energiebällchen als auch aus Getränken wie Sportdrinks). Obwohl ich festgestellt habe, dass die meisten Menschen kein Problem damit haben, sich während des Trainings einen Mix aus Kohlenhydraten zuzuführen (in der Regel eine Mischung aus Zucker aus Sportgetränken, Gelen, Energieriegel-Stückchen sowie Energie-Gel-Würfeln oder Bohnen, die während Work-outs, die länger als eine Stunde dauern, verzehrt werden), gibt es andere, die berichten, leistungsfähiger zu sein, wenn sie der Mischung auch etwas Eiweiß hinzufügen. Falls Sie zu diesen Menschen gehören, werden Sie feststellen, dass Sie ein gleich bleibendes Energielevel aufrechterhalten und eine gesteigerte Ausdauerleistung erreichen können, wenn Sie Ihrem Sportdrink nur eine kleine Menge Chiasamen beimischen oder etwas Chia-Gel oder ein Stück Chia-Energieriegel in Ihre Snackmischung aufnehmen. Vielleicht merken

ANTIOXIDANTIEN UND MINERALSTOFFE FÜR SPORTLER

Viele Sportler nehmen Nahrungsergänzungsmittel (für Eiweiß, Aminosäuren, Vitamine, Mineralien und Kräuter), die ihnen helfen sollen, ihren Energie- und Nährstoffbedarf zu decken. Doch vollwertige Lebensmittel – besonders Superfoods wie Chiasamen – sind von Natur aus reich an Nährstoffen, die sich äußerst positiv auf die körperliche Fitness und Gesundheit auswirken. Chiasamen enthalten eine Fülle von Antioxidantien, die der erhöhten Produktion von freien Radikalen entgegenwirken können, die mit intensivem Training und Sport einhergeht. Sie sind außerdem eine gute Quelle für Alpha-Linolensäure, eine Omega-3-Fettsäure, die vor allem Gelenkentzündungen und Gelenkschmerzen lindern kann. Darüber hinaus sind Chiasamen reich an Kalzium, was beim Knochenaufbau hilft und Muskelkontraktion sowie Reizleitung der Nerven unterstützt. Bei Sportlern scheint ein erhöhtes Mangelrisiko für bestimmte Mineralstoffe zu bestehen: Dazu gehören neben Eisen, Zink, Magnesium und Selen eben auch Kalzium. Bereits 2 bis 2½ Esslöffel Chiasamen enthalten fast 180 Milligramm Kalzium (das sind mehr als die 138 Milligramm in 120 Millilitern Vollmilch), mehr als 2 Gramm blutbildendes Eisen (das sind etwa 10 bzw. 25 Prozent der empfohlenen Tagesdosis von erwachsenen Männern bzw. Frauen) sowie etwa 95 Milligramm Magnesium, das Stress und Nervosität abbaut.

Sie aber auch, dass diese ballaststoffreichen Samen Ihrem Magen beim Training gar nicht gut bekommen. Meiner Erfahrung nach profitieren diejenigen am meisten von der Zugabe einer kleinen Menge Eiweiß (typischerweise in Form von Nüssen und Samen wie Chiasamen), die leichten bis mäßig intensiven Sport über eine lange Zeit ausüben (wie Wandern oder Walken).

Praktische Tipps

Chiasamen sind reich an Kohlenhydraten, Aminosäuren, Vitaminen und Mineralstoffen, entzündungshemmenden Fetten und Antioxidantien, die Ihr Körper braucht, um fit und leistungsfähig zu sein. Hier ein paar einfache Tipps, wie Sie Chiasamen in Ihren Alltag integrieren können:

- Mischen Sie einfach 1 bis 2 Esslöffel (12,5 bis 25 Gramm) Chiasamen (diese Menge enthält ca. 12 Gramm Kohlenhydrate) den Speisen und Getränken bei, die Sie täglich zu sich nehmen. Geben Sie die Samen einfach in Ihren Lieblingssaft oder Smoothie, streuen Sie sie über Ihren Salat oder in die Suppe.
- Versuchen Sie einmal in der Stunde vor Ihrem Work-out, Ihrem Trinkwasser, Kokoswasser oder Sportgetränk eine kleine Menge Chiasamen – etwa 1 Teelöffel – beizugeben. Das kann besonders hilfreich sein, wenn Sie auf Zucker empfindlich reagieren und den Eindruck haben, dass Sie durch das Aufnehmen von etwas Eiweiß besser trainieren können. Fangen Sie stets mit wenig Chiasamen an und steigern Sie dann langsam die Dosis, bis Sie die passende Menge gefunden haben, die Ihnen einen ausgeglichenen Blutzuckerspiegel beschert, ohne dass Ihr Magen rebelliert.
- Auch während des Trainings können Sie ausprobieren, eine kleine Menge Chiasamen – ungefähr 1 Teelöffel – Ihrem Wasser, Kokoswasser oder Sportgetränk zuzugeben. Sie können auch ein vorher zubereitetes Chia-Gel (Seite 166) oder einen kleinen Beutel Chiasamen als Energiereserve zum Work-out mitnehmen und essen. Achten Sie dabei nur darauf, dass Sie anschließend viel von Ihrem Wasser oder Sportgetränk trinken. Zusätzlich können Sie auch kleine Snackwürfel auf Chia-Basis mitnehmen, die man fürs Training problemlos einstecken kann: Zum Beispiel pikantes Orangen-Gojibeeren-Chia-Fruchtleder (Seite 72), Granatapfel-Limetten-Chia-Fruchtleder (Seite 156) oder alle nicht gebackenen Chia-Snacks auf Dattelbasis. Von diesem Energienachschub

können insbesondere die Sportler profitieren, die eine weniger intensive Sportart über eine längere Dauer ausüben (wie Walken oder Wandern).

- Nach dem Work-out empfiehlt es sich, dem Körper verloren gegangene Vital-stoffe und Wasser durch einen Drink auf Chiasamen-Basis wieder zuzuführen; geeignet sind hierfür beispielsweise der Ingwer-Kokos-Chia-Cooler (Seite 60) oder der Superpower-Erdbeer-Bananen-Smoothie (Seite 61). Probieren Sie, auch ein Gericht mit Chiasamen, wie etwa die cremige Brokkoli-Kartoffelsuppe (Seite 66), den Linsen-Spalterbsen-Salat mit Sacha-Inchi-Dressing (Seite 68) oder den samtigen Bananen-Chia-Pudding (Seite 64).

DER WASSER-ELEKTROLYT-HAUSHALT

In manchen Artikeln habe ich gelesen, Chiasamen könnten wegen ihrer hydrophilen Eigen-schaften dazu beitragen, dass der Körper mit genügend Flüssigkeit versorgt wird. Es ist zwar richtig, dass Chiasamen Flüssigkeit aufsaugen und speichern. Aber ich bin mir nicht sicher, ob sie tatsächlich helfen können, den eigenen Wasserhaushalt auszugleichen. Für eine ausreichende Flüssigkeitsversorgung des Körpers empfehle ich, jeden Tag mindestens 1 bis 2 Liter naturreines Wasser und zusätzlich noch mineralien- und elektrolytreiches Kokoswasser, frisch gepresste Säfte und Smoothies sowie frisches Obst und Gemüse mit hohem Wasseranteil zu sich zu nehmen. Und vergessen Sie auch nicht, während des Trainings zu trinken: bei Work-outs bis zu 1 Stunde reicht naturreines Wasser. Und wenn Sie damit beginnen, Chiasamen oder andere ballaststoffreiche Nahrungsmittel in Ihren Spei-seplan aufzunehmen, dann fangen Sie auf jeden Fall mit geringen Mengen an, die Sie all-mählich erhöhen, und nehmen Sie mehr Flüssigkeit zu sich.

Chiasamen für Höchstleistungen

Ingwer-Kokos-Chia-Cooler

Dieser kraftspendende, kühlende Drink versorgt Sie mit reichlich Elektrolyten aus dem Kokoswasser und wirkt durch den frischen Ingwer außerdem entzündungshemmend. Kokoswasser wird manchmal auch als „natürliches Sportlergetränk" bezeichnet, denn es enthält jede Menge Elektrolyte wie Magnesium und Kalium. Allein in 240 Millilitern Kokoswasser sind 613 Milligramm Kalium enthalten – fast 150 Prozent mehr als in einer mittelgroßen Banane.

480 ml Kokoswasser
1 TL frisch gepresster Limettensaft
½ TL frische Ingwerwurzel, gerieben
2 TL Chiasamen (nach Belieben)
etwas kalt geschleuderter Honig
   (aus der Region, nach Belieben)

Alle Zutaten in ein großes Gefäß mit fest verschließbarem Deckel geben und gut schütteln. Etwa 10 Minuten stehen lassen und dabei nochmals ein- bis zweimal durchschütteln. Im Kühlschrank hält sich dieser kühlende Drink in einem luftdicht verschlossenen Behälter 2 bis 3 Tage.

Ergibt: 1 bis 2 Portionen

AUF DEN PUNKT GEBRACHT: INGWER

Vor allem aufgrund seiner entzündungshemmenden Eigenschaften ist Ingwer ein Supergewürz für Sportler. Forscher haben festgestellt, dass Ingwer ebenso schmerzlindernd wirken kann wie nichtsteroidale Antirheumatika (NSAR), z. B. Ibuprofen – aber ohne deren Nebenwirkungen wie Magenbeschwerden und -geschwüre. Die Wirkstoffe im Ingwer scheinen die Übertragungswege zu blockieren, die zu Entzündungen und Schmerzen im Zusammenhang mit Osteoarthritis und anderen Erkrankungen des Stütz- und Bewegungsapparats führen können. In Ihren täglichen Speiseplan lässt sich Ingwer ganz leicht einbauen. Fügen Sie Ihren Säften und Smoothies einfach etwas frische Ingwerwurzel hinzu oder streuen Sie etwas frisch geriebenen oder getrockneten Ingwer in Ihre Lieblingssuppen – als Akzent und zum Wohle Ihrer Gesundheit!

Superpower-Erdbeer-Bananen-Smoothie

Bereichern Sie die klassische Kombination von Erdbeere und Banane, indem Sie protein- und fettreiche Chia- und Hanfsamen dazugeben. Dieser leckere, cremige Smoothie enthält etwa 10 Gramm Eiweiß (mehr als die 6 Gramm in einem großen Ei) und genügend Eisen, um 10 bis 15 Prozent Ihres täglichen Bedarfs zu decken. Und durch den besonders hohen Anteil des Antioxidans Vitamin C in Erdbeeren und Orangen kann Ihr Körper noch mehr von diesem pflanzlichen Eisen aufnehmen.

360 ml frisch gepresster Orangensaft
500 g tiefgefrorene Erdbeeren
1 mittelgroße Banane
1 EL Hanfsamen
1 EL Chiasamen

Alle Zutaten in einen Hochgeschwindigkeitsmixer geben und pürieren, bis Ihr Smoothie schön cremig ist.

Ergibt: 1 bis 2 Portionen

Sonnenschein-Muntermacher-Smoothie

Mit diesem Sonnenschein-Smoothie verschaffen Sie sich durch die süßen Orangen, Mangos und Physalis eine wohltuende Extraportion gesundheits- fördernder Antioxidantien in Form von Vitamin A und C. Physalis enthalten außerdem jede Menge Energie bringende Vitamin B-Komplexe. Etwas Kurkuma steigert den Geschmack und kann schmerzlindernd und entzün- dungshemmend wirken (denn Kurkuma ist reich an Kurkumin, das Gelenk- schmerzen und -entzündungen in Verbindung mit Osteoarthritis hemmen kann). Darüber hinaus kann es sogar Ihre Gehirnleistung erhöhen und Ihre Stimmung aufhellen. Kurz: Ein Super-Smoothie für einen guten Start in den Tag – und für Ihr Work-out!

360 ml frisch gepresster Orangensaft

350 g tiefgefrorene Mangostücke

60 g getrocknete Physalis (Kapstachelbeeren)

2 TL Chiasamen

ein paar Prisen gemahlene Kurkuma (nach Belieben)

Orangensaft, Mango, Physalis und Chiasamen in einen Hochgeschwindig- keitsmixer geben und pürieren, bis Ihr Smoothie schön cremig ist. In ein oder zwei Gläser gießen, etwas Kurkuma darüberstreuen und servieren.

Ergibt: 1 bis 2 Portionen

Samtiger Bananen-Chia-Pudding

Dieser köstlich sämige und leicht süße Pudding ist für Sportler und Nicht-sportler gleichermaßen perfekt. Die eiweißreichen Chiasamen versorgen Sie zusammen mit den kohlenhydrat- und elektrolytreichen Bananen mit viel Energie für Ihr Durchhaltevermögen oder kurzfristiges Auftanken. Genießen Sie eine sättigende Portion (75 Gramm) – oder auch mehr – vor oder nach Ihrem Training, aber auch immer dann, wenn Sie einen schnellen, praktischen und nahrhaften Snack oder Energieschub brauchen.

480 ml Kokosmilch, ungesüßt

4 Datteln, entkernt

2 mittelgroße Bananen

½ TL naturreiner Vanilleextrakt

65 g Chiasamen

kalt geschleuderter Honig (aus der Region, nach Belieben)

Kokosmilch, Datteln, Bananen und Vanilleextrakt in einen Hochgeschwin-digkeitsmixer geben und pürieren, bis alles schön cremig ist. In einen Behälter mit fest verschließbarem Deckel füllen (Einmachglas oder großes Marmeladenglas mit Schraubverschluss oder eine Frischhaltedose aus Glas). Chiasamen dazugeben und gut schütteln. Alternativ können Sie die Flüssigkeit in eine Schüssel gießen und die Chiasamen unterrühren. Den Pudding 30 Minuten stehen lassen und währenddessen alle 5 oder 10 Minuten nochmals schütteln bzw. umrühren, bis er schön dickflüssig und sämig ist.

Den Pudding in Servierschälchen füllen, etwas Honig darüberträufeln und servieren.

Ergibt: 3 bis 4 Portionen

Power-Müsli

Vollkornhaferflocken bilden die Grundlage dieses einfachen und vollwertigen Frühstücksmüslis. Es enthält jede Menge Eiweiß und gesunde Fette aus den drei Supersamen: Chia- und Hanfsamen sowie Sonnenblumenkerne. Die Physalis gibt unglaublich viel Energie, steuert reichlich Vitamin B bei und verleiht dem Ganzen eine süße Geschmacksnote. Mischen Sie sich gleich die zwei- oder dreifache Menge, um immer ein praktisches und verzehrfertiges Frühstück oder eine kleine Zwischenmahlzeit vorrätig zu haben.

160 g Haferflocken (siehe Anmerkung)
75 g Korinthen in Bio-Qualität
60 g getrocknete Physalis
30 g Hanfsamen
50 g Chiasamen
35 g Sonnenblumenkerne in Rohkostqualität
kalt geschleuderter Honig (aus der Region, nach Belieben)

Alle Zutaten in einer großen Schüssel mischen. In einem luftdicht verschlossenen Behälter aufbewahren. Hält sich am besten im Kühl- oder Gefrierschrank.

Ergibt: etwa 300 Gramm

Für ein kaltes Müsli: Für eine Portion von 20 Gramm Müsli mit 60 Millilitern Kokosmilch (oder anderer Milch) in eine kleine Schüssel geben. 5 bis 10 Minuten oder über Nacht quellen lassen, auf Wunsch Honig darüberträufeln und servieren.

Für ein warmes Müsli: Pro Portion von 20 Gramm Müsli mit 60 Millilitern Kokosmilch (oder anderer Milch) in einen kleinen Topf geben. Aufkochen lassen, vom Herd nehmen und nach Belieben mit Honig süßen. Noch warm servieren.

Anmerkung: Dieses Rezept ist glutenfrei, wenn Sie glutenfreie Haferflocken dafür verwenden. Falls Sie sich glutenfrei ernähren wollen, dürfen Sie also nur Haferflocken verwenden, die auf dem Etikett ausdrücklich als „glutenfrei" gekennzeichnet sind.

Cremige Brokkoli-Kartoffelsuppe

Wenn ich dazu rate, keine „weißen Nahrungsmittel" zu sich zu nehmen, meine ich damit nicht Kartoffeln (oder auch Blumenkohl oder Pastinaken). Denn Kartoffeln sind dank ihrer Kohlenhydrate eine nährstoffreiche Energiequelle und zusammen mit Brokkoli liefern sie jede Menge Vitamine und Mineralstoffe. In 70 Gramm gehacktem Brokkoli stecken fast 300 Milligramm Kalium und in einer mittelgroßen Kartoffel fast 900 Milligramm – zusammen deckt das bereits mehr als 20 Prozent Ihres geschätzten Tagesbedarfs. Genießen Sie diese herrlich cremige Suppe, bei der Chiasamen zum Eindicken (und als kleiner Eiweiß- und Fettschub) dazugegeben werden, entweder pur oder mit etwas geriebenem Cheddar-Käse bestreut.

2 TL Olivenöl extra vergine

½ mittelgroße Zwiebel, gehackt

280 g frische Brokkoli-Röschen (oder aufgetaute tiefgefrorene)

680 g Kartoffeln (mehlig kochend), geschält und in etwa 3 cm große Würfel geschnitten

950 ml Gemüsebrühe

1 EL gemahlene Chiasamen

Meersalz und frisch gemahlener schwarzer Pfeffer (nach Belieben)

geriebener Käse (Cheddar) zum Überbacken (nach Wunsch)

Öl in einem großen Topf erhitzen. Bei mittlerer Hitze Zwiebeln dazugeben und leicht andünsten (ca. 3 Minuten), bis sie weich sind. Brokkoli-Röschen, Kartoffeln und Gemüsebrühe zugeben und aufkochen lassen. Hitze reduzieren, zudecken und unter gelegentlichem Umrühren köcheln lassen, bis das Gemüse weich ist (ca. 10 bis 15 Minuten). Vom Herd nehmen und die Chiasamen einrühren. Die Suppe mit einem Pürierstab durchmixen, bis sie schön sämig ist. (Wenn Sie einen Mixer verwenden, müssen Sie die Suppe zunächst abkühlen lassen, dann portionsweise pürieren und wieder in den Suppentopf füllen.) Mit Meersalz und schwarzem Pfeffer abschmecken. Mit dem Schöpflöffel in Servierschalen füllen und großzügig geriebenen Käse darüberstreuen. Fertig zum Servieren!

Ergibt: 6 bis 8 Portionen

Linsen-Spalterbsen-Salat
mit Sacha-Inchi-Dressing

Linsen und Spalterbsen enthalten eine Kombination aus jeder Menge Kohlenhydraten und Eiweiß – ideale Lebensmittel, um Sie mit lang anhaltender Energie zu versorgen. Im Gegensatz zu getrockneten Bohnen, die vor dem Kochen über Nacht eingeweicht werden müssen, braucht man getrocknete Linsen nur kurz zu waschen und kann sie dann schnell zubereiten (kein Einweichen erforderlich). Damit sind sie optimal für viel beschäftige Sportler, die nach einer schnellen, aber nährstoffreichen Mahlzeit suchen. Genießen Sie diesen herzhaften Salat als Hauptmahlzeit oder Beilage. Das Sacha-Inchi-Öl ist reich an Omega-3-Fettsäuren, doch falls Sie keines zur Hand haben oder in Ihrem Bioladen keines finden, können Sie es auch einfach durch Olivenöl extra vergine oder Hanföl ersetzen.

Für den Salat:

100 g getrocknete Linsen

110 g getrocknete Spalterbsen

950 ml Wasser

2 Karotten, geschält und fein gehackt

3 EL Chiasamen

Für das Dressing:

60 ml kalt gepresstes Sacha-Inchi-Öl

2 EL frisch gepresster Zitronensaft

1 EL frische Petersilie, gehackt

1 EL Schalotten, gehackt

1 TL Dijon-Senf

1 TL kalt geschleuderter Honig

Meersalz und frisch gemahlener
schwarzer Pfeffer (nach Belieben)

Salat: Linsen und Spalterbsen waschen und Wasser abgießen. Dann zusammen mit dem Kochwasser in einen mittelgroßen Topf geben. Aufkochen lassen, Hitze reduzieren, zudecken und etwa 30 Minuten köcheln lassen, bis die Linsen und Erbsen weich und zart sind. Vom Herd nehmen, abgießen und unter kaltem Wasser abschrecken. Mit den Karotten und den Chiasamen in eine Schüssel geben und vermischen.

Dressing: In einer kleinen Schüssel alle Zutaten verrühren. Das Dressing über den Salat geben und vermengen.

Ergibt: 4 bis 6 Portionen

Supersamen-Gemüse-Dip

Dieser herzhafte Dip ist die abgewandelte Version einer samenlosen Nusspaste, die ich vor einigen Jahren in einem Rohkostkurs kennengelernt habe. Mit den Sonnenblumenkernen, Chiasamen und Hanfsamen habe ich in dieses Rezept nun viel Eiweiß (und gesunde Fette) hineingepackt. So stecken in diesem Dip fast 50 Gramm Eiweiß – mehr als zwei Hühnerbrust-filets enthalten! Außerdem sorgen zwei ganze roten Paprikaschoten für einen enormen Vitamin-C-Kick, denn jede enthält mehr als 75 Milligramm dieses wirksamen Antioxidans. Servieren Sie diesen köstlichen Dip mit frischen Gemüsestreifen oder Crackern. Sie dürfen ihn natürlich auch einfach als Brotaufstrich verwenden!

150 g Sonnenblumenkerne in Rohkostqualität

50 g Chiasamen

2 EL Hanfsamen

2 rote Paprikaschoten, entkernt und gehackt

2 Stangen Staudensellerie, gehackt

2 Schalotten, gehackt

¼ TL Meersalz (oder mehr je nach Geschmack)

Alle Zutaten in einer Küchenmaschine verarbeiten, bis alles feucht und in kleine Stücke zerhackt ist. In einen luftdicht verschließbaren Behälter füllen und vor dem Servieren mindestens ½ Stunde in den Kühlschrank stellen, damit der Geschmack gut durchziehen kann und der Dip schön sämig wird. Kalt servieren!

Ergibt: etwa 2½ Tassen Dip

Chia-Mais-Küchlein

Diese herzhaften Mais-Küchlein versorgen Sie mit einer riesigen Portion Eiweiß, Fett und Ballaststoffen – allein schon durch den großzügigen Esslöffel gemahlener Chiasamen im Teig. Der Cayennepfeffer bringt den feurigen Geschmack dazu, wirkt aber zusätzlich auch noch entzündungshemmend. Genießen Sie diese Küchlein als Hauptmahlzeit oder Beilage.

1 EL kalt gepresstes Rapsöl (möglichst in Bio-Qualität, zusätzlich etwas Rapsöl zum Anbräunen)

300 g frische Maiskörner (oder 330 g aufgetaute tiefgefrorene)

3 Schalotten, in feine Scheiben geschnitten

100 g glutenfreies Mehl

50 g gemahlene Chiasamen

1 TL Meersalz

½ TL Backpulver

½ TL Old-Bay-Gewürzmischung*

ein paar Prisen Cayennepfeffer

240 ml Kokosmilch, ungesüßt

1 großes Ei (am besten in Bio-Qualität und aus artgerechter Tierhaltung)

Den Backofen auf 180 °C (oder Gas Stufe 4) vorheizen. Öl in einer großen Pfanne erhitzen. Mais und Schalotten bei mittlerer Hitze dazugeben und unter gelegentlichem Umrühren leicht anbräunen und weich werden lassen (ca. 10 bis 15 Minuten). Mehl, gemahlene Chiasamen, Salz, Backpulver, Old-Bay-Gewürzmischung und Cayennepfeffer in eine große Schüssel geben und vermischen. Die Milch und das verquirlte Ei dazugießen und das Ganze zu einem Teig verrühren. Maiskörner und Schalotten unterheben. Die Pfanne auswischen, erneut Öl hineingeben, bis der Boden von einem dünnen Film bedeckt ist. Bei mittlerer Hitze schöpflöffelweise den Teig von jeder Seite 3 bis 5 Minuten goldbraun anbraten. Die fertigen Küchlein auf eine mit Küchenkrepp bedeckte Platte setzen. Zuletzt die Küchlein nebeneinander auf ein Backblech legen und 8 bis 10 Minuten im Ofen backen. Warm servieren.

Ergibt: 10 bis 12 Küchlein

* Old-Bay-Gewürzmischung ist in den USA sehr beliebt (Rezepte siehe im Internet).

Kirsch-Cashew-Chia-Happen

Diese einfache Köstlichkeit kombiniert knusprige Cashewkerne und Chiasamen mit natürlich süßen Kirschen.

200 g kalt geschleuderter Honig

½ TL naturreiner Vanilleextrakt

1 Prise Meersalz

280 g Cashewkerne in Rohkostqualität, jeweils zur Hälfte ganz und grob gehackt

80 g getrocknete Kirschen, ungesüßt, gehackt

50 g Chiasamen

Zunächst den Backofen auf 170 °C (oder Gas Stufe 3) vorheizen. Honig, Vanille und Meersalz in einer großen Schüssel verrühren. Restliche Zutaten einrühren und alles vermischen, bis die Nüsse gut „ummantelt" sind. Auf ein großes Backblech geben. Unter gelegentlichem Wenden etwa 15 Minuten backen, bis die Nüsse goldbraun sind, auskühlen lassen. Zerteilen und in einem luftdicht verschlossenen Behälter aufbewahren. Am besten halten sich die Happen im Kühl- oder Gefrierschrank.

Ergibt: etwa 500 Gramm

Pikantes Orangen-Gojibeeren-Chia-Fruchtleder

Eine Zwischenmahlzeit für unterwegs

240 ml frisch gepresster Orangensaft

25 g getrocknete Gojibeeren in Rohkostqualität

50 g Chiasamen

1 Prise Cayennepfeffer

Saft und Beeren im Mixer cremig pürieren. In eine kleine Schüssel gießen und die Chiasamen und den Cayennepfeffer einrühren. ½ Stunde stehen lassen und dabei alle 5 bis 10 Minuten kurz durchrühren. Einen Gitterboden des Dörrautomaten mit Dörrfolie auslegen, und die Creme in Form eines Rechtecks dünn darauf verstreichen, bis etwas mehr als Dreiviertel der Fläche bedeckt ist. Bei 40 °C etwa 3½ Stunden lang trocknen. Dann das Fruchtleder vorsichtig wenden. Dörrfolie abziehen. Das Gitter noch einmal in den Dörrautomaten schieben und weitere 30 Minuten bei 40 °C trocknen lassen. Das Fruchtleder ist fertig, wenn es die zähe Konsistenz von Kaubonbons hat.

Fruchtleder in 20 Streifen schneiden. In einem luftdicht verschlossenen Behälter oder Beutel aufbewahren.

Ergibt: etwa 20 Fruchtleder-Streifen

Knusprige Mandelbutter-Energieriegel

Diese knusprig-klebrigen Energieriegel voll gesunder Proteine sind im Vergleich zu den Süßigkeiten, die Sie vielleicht als Kind gern gegessen haben, ein echter Fortschritt. Ich kombiniere am liebsten rohe oder geröstete Mandelbutter mit zartbitteren Schoko-Tropfen, die mehr Kakao und Antioxidantien enth alten als solche aus Vollmilchschokolade. Meine Familie mag am liebsten Knusperriegel, die möglichst dick sind, deshalb benutze ich ein kleines Backblech von 23 x 33 Zentimetern. Wenn Sie lieber dünnere Riegel möchten, können Sie die Masse auch auf einem größeren Blech verteilen. Schneiden Sie sie dann ganz nach Belieben zu.

150 g knusprige Vollkornreis-Zerealien

1150 g Mandeln in Rohkostqualität, gehackt

90 g Schoko-Tropfen

50 g Chiasamen

1 TL gemahlener Zimt

400 g Mandelbutter

500 g kalt geschleuderter Honig (aus der Region)

1 TL naturreiner Vanilleextrakt

Zerealien, Mandeln, Schoko-Tropfen, Chiasamen und Zimt in eine mittelgroße Schüssel geben und vermischen. In einer großen Schüssel die Mandelbutter mit Honig und Vanilleextrakt verrühren und dann die trockene Zerealienmischung in 3 bis 4 Portionen einarbeiten. Jeweils gut untermischen, vielleicht die Fingerspitzen zu Hilfe nehmen, bis alles gleichmäßig von der klebrigen Mandelbutter-Honigmasse umhüllt ist.

Die Masse auf einem Backblech (23 x 33 Zentimeter) verteilen und mit einem Fettpapier abdecken. Dann mit den Handflächen schön flach drücken, bis das ganze Blech etwa gleich dick bedeckt ist. Das Blech ca. ½ Stunde im Kühlschrank kalt stellen, bis das Ganze fest geworden ist. Herausnehmen und in 12 Riegel zuschneiden. Energieriegel in einem luftdicht verschlossenen Behälter im Kühlschrank aufbewahren.

Ergibt: etwa 12 Riegel

Schoko-Maca-Chia-Bällchen

Dies ist die ultimative Nascherei für Schoko- und Maca-Fans! Ein geschmacklicher und nahrhafter Hochgenuss aus drei Superfoods – Kakao, Maca-Pulver und Chiasamen. Die Maca-Wurzel ist ein Adaptogen, das dem Körper helfen soll, Stress zu widerstehen und den Organismus auf natürliche Weise zu stärken. Rohes Kakaopulver ist vollgepackt mit Antioxidantien, es kann Ihre Stimmung aufhellen und Stress entgegenwirken. Diese Energiebällchen sind perfekt als Muntermacher am Nachmittag oder immer dann, wenn Sie ein kleines Tief haben und einen zusätzlichen Energieschub brauchen.

360 g Datteln, entkernt
45 g Kokosraspel in Bio-Qualität
2 EL Chiasamen
1 TL naturreiner Vanilleextrakt
2 EL Kakaopulver in Rohkostqualität
2 EL Maca-Pulver in Rohkostqualität
(zusätzlich 2 TL Maca-Pulver
für die Bällchen-Masse)

Datteln, Kokosraspel, Chiasamen und Vanilleextrakt in die Küchenmaschine geben und in kurzen Mix-Intervallen zu einer groben, leicht klebrigen Masse verarbeiten. Wenn Sie sie mit den Fingerspitzen zusammendrücken, sollte sie gut zusammenkleben. Fühlt sie sich zu trocken an, noch 1 oder 2 Datteln dazugeben. Sollte das Ganze zu klebrig sein, noch 1 oder 2 Esslöffel Kokosraspel hinzufügen. Danach Kakaopulver und 2 Teelöffel Maca-Pulver einarbeiten, bis die Masse nicht mehr ganz so klebrig ist. Die anderen 2 Esslöffel Maca-Pulver in eine kleine Schale geben. Aus der Masse kleine (teelöffelgroße) Bällchen formen und in dem Maca-Pulver wälzen. Sie können die Bällchen in einem luftdicht verschlossenen Behälter aufbewahren oder für die Langzeitlagerung einfrieren.

Ergibt: 30 bis 40 Bällchen

KAPITEL 3

Gut verdaut: Chiasamen für einen gesunden Darm

Unterstützen Sie Ihr Verdauungssystem durch gesunde Ernährung – oder belastet sie es eher? Heutzutage richten viele Menschen verheerende Schäden in ihrer Verdauung an, indem sie nährstoffarme Nahrungsmittel zu sich nehmen und einen ungesunden Lebensstil pflegen. Damit überreizen sie die Fähigkeit des Verdauungssystems, den Körper auf natürliche Weise zu entgiften. Vielleicht nehmen auch Sie zu viele verarbeitete und zu wenig vollwertige Lebensmittel zu sich, die reichlich Ballaststoffe, Vitamine, Mineralien und andere Nährstoffe enthalten? All dies braucht Ihr Körper, um gesund zu verdauen und Gifte auszuscheiden. Vielleicht essen Sie viel Fleisch und Milchprodukte von Tieren aus konventioneller Landwirtschaft, die Wachstumshormone und Antibiotika einsetzt. Antibiotika zerstören aber nicht nur die „schlechten", sondern auch die „guten" Bakterien in Ihrem Darm. Vielleicht essen Sie auch einfach zu viel, trinken zu wenig Wasser, schlafen oder bewegen sich nicht genug. Möglicherweise sind Sie auch häufig gestresst (Wussten Sie, dass Ihr Gefühlszustand auch mit Ihrer Verdauung zusammenhängt?) und leiden an Verstopfung oder Durchfall.

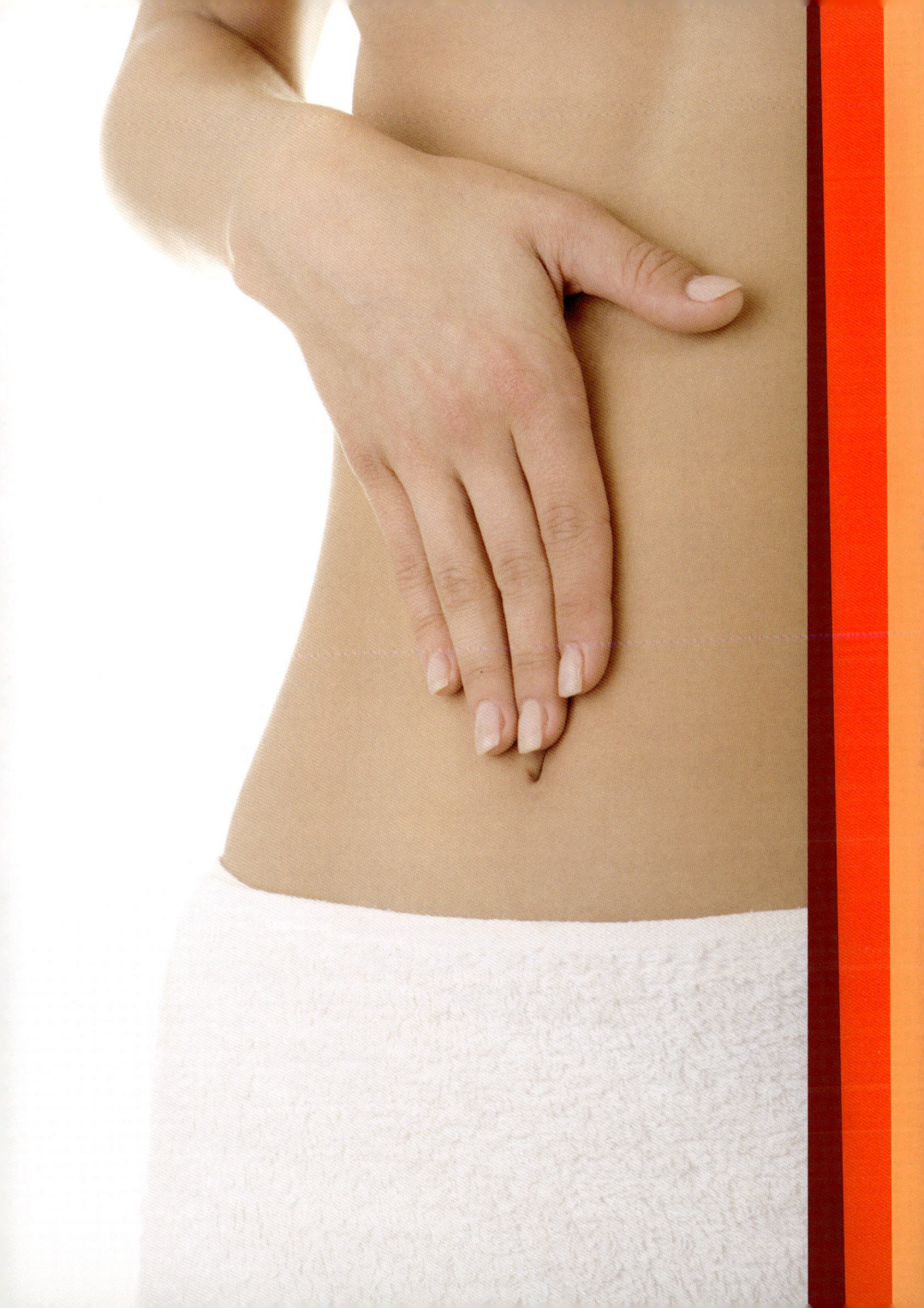

Eine schlechte Ernährung kann also in Verbindung mit einer ungesunden Lebensführung Ihre Verdauung beeinträchtigen. Aber Sie können die Gesundheit Ihres Verdauungssystems beträchtlich steigern, wenn Sie Ihre Ernährung auf höherwertige Lebensmittel umstellen: Dadurch unterstützen Sie die natürliche Fähigkeit Ihres Körpers, sich selbst zu entgiften. Und wenn Ihr Darm gut arbeiten kann, fühlen auch Sie sich besser. Ein gesunder und optimal funktionierender Verdauungstrakt hilft Ihrem Körper, die aufgenommene Nahrung leichter aufzuspalten, die Nährstoffe besser aufzunehmen und Ihr Immunsystem zu stärken (Wussten Sie, dass mehr als 70 Prozent des Immunsystems in und um den Darm angesiedelt ist?). Außerdem begünstigt er die tägliche Entgiftung, indem die Abfallstoffe ständig durch den Darm weitergeschoben und dann aus Ihrem Körper ausgeschieden werden. Was können Sie nun also tun, um ein gesundes Verdauungssystem zu fördern? Der erste Schritt: Mischen Sie Ihrer Ernährung einfach etwas mehr Ballaststoffe bei – natürlich auch meine heiß geliebten, ballaststoffreichen Chiasamen! In diesem Kapitel zeige ich Ihnen, wie einfach das geht.

Ballaststoffreiche Chiasamen halten Ihre Verdauung auf Trab

Wie in Kapitel 1 bereits erwähnt, nehmen die meisten Menschen in unserer westlichen Wohlstandsgesellschaft zu wenig Ballaststoffe zu sich. So isst der Durchschnittsbürger in den Vereinigten Staaten pro Tag nur etwa 15 Gramm davon – weit weniger als die empfohlene Tagesmenge von 25 bis 35 Gramm, die für seine Gesundheit und sein Wohlfühlgewicht notwendig wäre. Da überrascht es nicht, dass die Nationalen Gesundheitsinstitute (NIH) berichten, dass mehr als 4 Millionen Amerikaner unter häufiger Verstopfung leiden (Häufigkeit der Darmentleerung: weniger als dreimal pro Woche). Verstopfung kann mit Bauchschmerzen, Übelkeit und Kopfschmerzen einhergehen. Sie kann auch zu unangenehmen Hämorrhoiden, Nabelbrüchen, Divertikulose (Veränderung des Dickdarms in Form von kleinen Ausstülpungen der Darmschleimhaut) und Divertikulitis, eine Entzündung dieser Ausstülpungen (Divertikel) führen.

Vereinfacht ausgedrückt ist eine ballaststoffreiche Ernährung der Schlüssel zur Regulierung der Darmtätigkeit. Experten haben festgestellt, dass eine angemessene Ballaststoffzufuhr – von 25 bis 35 Gramm pro Tag – ausreicht, um Verstopfung vorzubeugen und eine regelmäßige Darmtätigkeit zu gewährleisten. Glücklicherweise ist es wirklich einfach, ballaststoffreiche Chiasamen in Ihren normalen Speiseplan einzubauen. Damit können Sie Ihre Verdauung unterstützen und Verstopfung verhindern. Schon 2 bis 2½ Esslöffel dieser Samen enthalten nahezu 10 Gramm Ballaststoffe. Das sind bereits 30 bis 40 Prozent Ihres täglichen Bedarfs. Und mit dieser relativ kleinen Menge an Chiasamen könnte man die Lücke in der Ernährung der meisten Amerikaner (die im Schnitt nur 15 Gramm Ballaststoffe pro Tag zu sich nehmen) schon beinahe schließen. Noch besser: Chiasamen enthalten sogar ein ausgewogenes Verhältnis an löslichen und unlöslichen Ballaststoffen, und genau die unlöslichen sind es, die für Ihren regelmäßigen Stuhlgang sorgen.

Im Allgemeinen unterscheidet man zwischen löslichen und unlöslichen Ballaststoffen. Pflanzliche Nahrungsmittel enthalten meist eine Mischung aus beidem. Lösliche Ballaststoffe lösen sich in Wasser auf, quellen und bilden eine gelartige Substanz im Darm. Sie können dazu beitragen, sowohl die Cholesterinwerte als auch den Blutzuckerspiegel zu senken (darauf werden wir im nächsten Kapitel noch näher eingehen). Zu den Lebensmitteln mit einer Fülle an löslichen Ballaststoffen gehören u. a. Haferflocken, Bohnen, Beeren und Äpfel. Unlösliche Ballaststoffe hingegen lösen sich, wie der Name schon sagt, in Wasser nicht auf und werden nahezu unverändert durch den Magen-Darm-Trakt geschleust. Sie erhöhen Gewicht und Masse des Speisebreis, wodurch zusätzlicher Druck auf die Darmwand ausgeübt wird, was wiederum für eine regelmäßige Peristaltik (Muskeltätigkeit des Darms) sorgt. Nahrungsmittel mit vielen unlöslichen Ballaststoffen sind u. a. Vollkornweizen, Weizenkleie, Bohnen, die meisten Gemüsesorten sowie Nüsse und Samen – einschließlich Chiasamen.

Wissenschaftler der Universität von Arizona in Tucson veröffentlichten 2010 eine Studie , wonach ungefähr die Hälfte der Ballaststoffe in Chiasamen (ca. 40 bis 60 Prozent) aus den unlöslichen Ballaststoffen besteht, die die Ausscheidungsfunktion besonders begünstigen. Falls Sie also häufig unter Verstopfung leiden und mehr Ballaststoffe zu sich nehmen wollen, sind Chiasamen genau das Richtige für Sie! Schauen Sie sich auch die Tabelle mit dem Ballaststoffgehalt von verschiedenen pflanzlichen Nahrungsmitteln (siehe Seite 20) an. Sie kann Ihnen bei der Auswahl von ballaststoffreichen Lebensmitteln helfen.

Ballaststoffreiche Nahrungsmittel können Reizdarmsymptome lindern

Bei vielen Menschen, die unter einem Reizdarm (auch Reizdarmsyndrom, Reizkolon oder Colon irritabile) leiden, können ballaststoffreiche Nahrungsmittel wie Chiasamen nicht nur die regelmäßige Darmtätigkeit unterstützen, sondern auch Blähungen und Völlegefühl verringern. Das Reizdarmsyndrom ist eine Funktionsstörung des Verdauungsapparats, dessen typische Symptome Bauchschmerzen, Völlegefühl, Blähungen und häufig auch Verstopfung oder Durchfall (oder beides abwechselnd) sind – ohne klar erkennbare körperliche Ursache. Die Nationalen Gesundheitsinstitute (NIH) gehen davon aus, dass etwa 3 bis 20 Prozent der Bevölkerung der Vereinigten Staaten unter einem Reizdarmsyndrom leiden. Ursachen und Behandlungsformen sind zwar sehr komplex und individuell verschieden, aber die meisten Experten sind sich einig, dass diese Patienten Nahrungsmittel mit hohem Fettgehalt, Milchprodukte, Alkohol, Koffein und manche ballaststoffreichen, aber blähenden Nahrungsmittel (wie Bohnen) möglichst einschränken oder meiden sollten. Denn all diese Nahrungsmittel können die typischen Reizdarmbeschwerden auslösen. Andererseits haben die Wissenschaftler auch festgestellt, dass bei manchen Reizdarmpatienten Blähungen und Völlegefühl zurückgehen, wenn sie schrittweise ihre Ballaststoffaufnahme um 2 bis 3 Gramm pro Tag (das entspricht etwa 1½ Teelöffel Chiasamen) erhöhen. Außerdem kann eine tägliche Ballaststoffaufnahme von 25 bis 35 Gramm die damit einhergehende Verstopfungsneigung verringern.

Von Natur aus glutenfrei und reich an Ballast- und Mineralstoffen

Auch für alle Menschen, bei denen eine Zöliakie oder eine Glutenunverträglichkeit diagnostiziert wurde, habe ich eine gute Nachricht: Chiasamen sind eine wunderbare natürliche, glutenfreie Quelle für Ballaststoffe und Mineralien. Zöliakie ist eine chronische Erkrankung des Dünndarms. An Zöliakie Erkrankte vertragen ihr Leben lang kein Gluten (das Klebereiweiß in Weizen, Gerste und Roggen); ihre Dünndarmschleimhaut wird davon angegriffen und sogar geschädigt. Deshalb müssen diese Patienten sich absolut glutenfrei ernähren. Außerdem gibt es noch die Glutensensitivität (GS), die ebenfalls eine Art der Glutenunverträglichkeit darstellt und mit ähnlichen, aber meist weniger schweren Symptomen einhergeht. Bei einer Glutensensitivität scheint der Verzehr von glutenhaltigen Nahrungsmitteln den Dünndarm aber nicht zu schädigen. Da Vollkornprodukte bei einer glutenfreien Diät ausgeschlossen sind, können Menschen mit einer Zöliakie oder einer Glutensensitivität Gefahr laufen, zu wenig Ballaststoffe aufzunehmen. Hier kommen wieder unsere kleinen, aber kompakten und nährstoffreichen Chiasamen ins Spiel, die ganz einfach helfen, den Ballaststoffgehalt der Ernährung von all denjenigen zu erhöhen, die keine Vollkornprodukte zu sich nehmen dürfen.

Ein weiteres Problem bei Zöliakie ist, dass wegen der Schädigung der Dünndarmschleimhaut bestimmte Vitamine und Mineralien wie Kalzium, Eisen und B-Vitamine oftmals nicht gut aufgenommen werden können. Ein weiterer Vorteil der Chiasamen: Sie sind reich an einigen dieser lebenswichtigen Mineralstoffe! Bereits 2 bis 2½ Esslöffel dieser Samen enthalten mehr als 2 Milligramm Eisen. Das entspricht etwa 10 bis 25 Prozent des Tagesbedarfs eines durchschnittlichen Erwachsenen. Chiasamen enthalten außerdem fünfmal so viel Kalzium wie Milch (das sind allein in 2 bis 2½ Esslöffel 200 Milligramm Kalzium). Für alle Menschen mit der Diagnose „Zöliakie" bieten Chiasamen also eine gute Nahrungsquelle für diese wichtigen Mineralstoffe, während gleichzeitig der Darm dank der glutenfreien Diät heilen kann.

Haben Sie das gewusst?

Auch wenn Sie unter einer Divertikulose (gehäuftes Auftreten von Ausstülpungen der Darmschleimhaut im Dickdarm) oder einer Divertikulitis (Entzündung dieser Ausstülpungen) leiden, müssen Sie trotzdem nicht auf Ihre Lieblingsnüsse und -samen, einschließlich Chiasamen, verzichten. Früher haben Ärzte solchen Patienten meist empfohlen, jegliche Nüsse und Samen zu meiden, weil man fürchtete, sie könnten sich in diesen Ausstülpungen festsetzen und dann Schmerzen und Entzündungen verursachen. Heutzutage gehen Wissenschaftler hingegen davon aus, dass eine ballaststoffreiche Ernährung – die sogar Nüsse und Samen einschließt – das Risiko von Divertikulose und die damit verbundenen Entzündungsattacken vermindert (oder zumindest nicht auslöst). Als mögliche Ursachen für Divertikulose werden nämlich ballaststoffarme Ernährung, chronische Verstopfung und Anspannung des Darms durch starkes Pressen beim Stuhlgang vermutet. Falls Sie eine Divertikulose haben, sollten Sie Ihren Arzt oder Ernährungsberater befragen, ob Sie nährstoff- und ballaststoffreiche Lebensmittel (wie Chiasamen) ausprobieren können. Erst dann lässt sich nämlich herausfinden, welche davon Ihrer Darmtätigkeit nützen und gleichzeitig akute Verschlechterungsschübe vermeiden – und nicht verursachen – können.

Tägliche Entgiftung mit ballaststoffreichen Chiasamen

Eine ballaststoffreiche Ernährung, z. B. mit Chiasamen, hält Ihren Darm in Bewegung und fördert damit die tägliche Ausscheidung von Abfallprodukten aus Ihrem Körper. Beim Passieren des Verdauungstrakts wirken Ballaststoffe (Fasern) wie ein Mopp, der alles Unbrauchbare aufsaugt und hinausfegt. Das können überschüssiges Cholesterin oder Gift- und Abfallstoffe sein. Meiner Ansicht nach ist genau dies eine der wichtigsten und häufig übersehenen Aspekte von Entgiftung. Entgiftungsdiäten werden immer beliebter und fast jede Woche entdecke ich neue Entgiftungs- oder Entschlackungskuren, für die im Internet oder in Zeitschriften geworben wird.

AUF DEN PUNKT GEBRACHT: PROBIOTIKA UND PRÄBIOTIKA

Möglicherweise haben Sie schon einmal davon gehört, dass Sie durch Probiotika und Präbiotika Ihre Verdauung verbessern können. Probiotika sind die nützlichen Bakterien (wie Laktobazillen und Bifidobakterien), die in fermentierten Nahrungsmitteln (wie Kombucha, Kefir, Miso, Kimchi und Sauerkraut) und in probiotischen Nahrungsergänzungen enthalten sind. Präbiotika sind unverdauliche Kohlenhydrate (wie Inulin und Oligofructose), die von den hilfreichen Bakterien in Ihrem Darm fermentiert werden, indem sie sich von ihnen „ernähren". Zu den Lebensmitteln, die reich an Präbiotika sind, gehören Äpfel, Beeren, Bananen, Zwiebeln und Knoblauch, Lauch, Topinambur, Yacónwurzel und Spargel. Gemeinsam fördern Probiotika und Präbiotika Ihre Verdauung, erhöhen die Nährstoffaufnahme im Dünndarm, kurbeln das Immunsystem an und schützen den Körper vor Eindringlingen wie „schlechten" Bakterien, Viren, Parasiten und anderen Krankheitserregern.

Sie wissen mittlerweile, dass Chiasamen sehr ballaststoffreich sind. Ich konnte allerdings noch keine Studie darüber finden, ob Chiasamen möglicherweise als Präbiotika klassifiziert werden können (Präbiotika müssen bestimmte Eigenschaften aufweisen, um als solche eingestuft zu werden). Mit Sicherheit aber fördern die Ballaststoffe der Chiasamen Ihre Verdauung. Um die Gesundheit Ihres Magen-Darm-Trakts zu unterstützen, habe ich sie in den Rezepten dieses Kapitels mit einigen meiner Lieblings-Lebensmittel kombiniert, die jede Menge Präbiotika und Probiotika enthalten.

Viele meiner Klienten begannen (ganz ohne Grund) mit einer Entschlackungskur oder einer Entgiftungsdiät, mit 3-tägigem (oder längerem) Saftfasten oder einer Kombination aus Saft- und Smoothie-Entschlackungskur. Meiner Meinung nach steckte jedoch bei allen dahinter der falsch verstandene Wunsch, entgiften zu wollen (wobei ich den Verdacht habe, dass die meisten einfach nur abnehmen wollten). Obwohl ich glaube, dass regelmäßige Entgiftungskuren sowohl geistig als auch körperlich manchen Leuten sicherlich guttun, bin ich andererseits davon überzeugt, dass wirkliche Entgiftung – und auch jede kurzzeitige Entgiftungskur Ihrer Wahl – mit der täglichen Ernährung beginnt. Was essen Sie also jeden Tag, um Ihrem Körper dabei zu helfen, sich auf natürliche Weise von Giftstoffen zu befreien und die Abfallprodukte Ihres Stoffwechsels auszuscheiden? Ich versuche immer, meine Klienten davon zu überzeugen, mehr Ballaststoffe, viel Flüssigkeit und Superfoods mit hoher Nährstoffdichte wie Chiasamen zu sich zu nehmen. Wenn Sie genügend Ballaststoffe essen, unterstützen Sie Ihren Darm und sorgen für eine regelmäßige Darmentleerung. Indem Sie viel trinken, können Ihre Nieren besser funktionieren und leichter Abfallstoffe über den Urin ausleiten. Ihrer schwer arbeitenden Leber helfen Sie mit vollwertigen Bio-Lebensmitteln (hauptsächlich Gemüse, Obst, Nüsse, Samen, Eier und Fisch aus Wildbeständen), die Ihren Körper mit den notwendigen Nährstoffen (insbesondere Aminosäuren und Vitamin C) versorgen. Bei den Rezepten in diesem Kapitel habe ich versucht, die ballaststoff- und eiweißreichen Chiasamen mit Lebensmitteln zu kombinieren, die insbesondere die Funktion von Leber und Nieren fördern. Damit unterstützen Sie Ihren Körper tagtäglich bei seinen natürlichen Entgiftungsvorgängen – und bewirken, dass Sie sich rundum wohlfühlen und super aussehen.

Praktische Tipps

Chiasamen sind besonders ballaststoffreiche Lebensmittel, die Sie ganz leicht in Ihren Speiseplan integrieren können, um Ihre Verdauung und Ausscheidung zu verbessern. Hier ein paar einfache Tipps zu Ernährung und Lebensstil, wie Sie am besten damit beginnen, etwas für Ihre Magen-Darm-Funktion – und damit für Ihre Gesundheit – zu tun:

- Steigern Sie Ihre Ballaststoffaufnahme auf natürliche Weise – mit Chiasamen. Ergänzen Sie Ihren Speiseplan um 2 bis 2½ Esslöffel (etwa 30 Gramm) Chiasamen pro Tag. Probieren Sie zum Frühstück das einfache Morgenmüsli (Seite 93) oder den süßen Grünen Smoothie (Seite 92) und als kleine Zwischenmahlzeit die Apfel-Birnen-Zimt-Müsli-Riegel (Seite 103) oder das Back-to-the-roots-Studentenfutter (Seite 101).

- Freunden Sie sich mit fermentierten Nahrungsmitteln an. Sie enthalten Probiotika („gute" Bakterien), die das Verdauungs- und somit das Immunsystem unterstützen. Gesunde fermentierte Nahrungsmittel sind beispielsweise Miso, Kombucha, Kimchi, Kefir und Sauerkraut. Sie können auch die erfrischende Superbeeren-Chia-Bucha (Seite 89) als durstlöschende und nahrhafte Zwischenmahlzeit trinken, die Ihnen eine Extraportion Flüssigkeit, darmfreundliche Ballaststoffe (aus Chiasamen), Probiotika (aus Kombucha) und Antioxidantien (aus Maqui-Beeren) liefert.
- Trinken Sie mehr Wasser. Indem Sie Ihrem Körper genügend Flüssigkeit zuführen, verhindern Sie Verstopfung und helfen Ihren Nieren bei der Ausschwemmung von Abfallprodukten über den Urin. Versuchen Sie täglich mindestens 1 bis 2 Liter Wasser zu trinken – besonders wenn Sie anfangen, mehr Ballaststoffe zu sich zu nehmen.
- Kaufen Sie nach Möglichkeit Ihre Lebensmittel in Bio-Qualität, soweit es Ihr Geldbeutel erlaubt. So versorgen Sie Ihren Körper mit der ausgewogenen Mischung an Nährstoffen, die für die wichtige Arbeit von Leber, Verdauungstrakt und Nieren nötig sind.
- Essen Sie achtsam. Denn der Verdauungsprozess beginnt mit dem Kauen. Essen Sie langsam und kauen Sie sorgfältig. Das kommt Ihrer Verdauung zugute.
- Sorgen Sie für mehr Bewegung!. Bauen Sie in Ihr Wochenprogramm auch Zeiten für sportliche Aktivitäten ein – das kann auch nur ein schneller Spaziergang mehrmals pro Woche sein. Bewegung fördert Ihre Darmtätigkeit, kann Verstopfung verhindern und Reizdarmsymptome lindern.
- Sagen Sie einfach „Om". Stress kann sich verheerend auf Ihre Verdauung auswirken. Gesundheitsexperten bestätigen, dass tatsächlich eine Verbindung zwischen Gehirn und Darm besteht.

GEHEN SIE ZUM ARZT

Verschiedene Verdauungsbeschwerden sind viel zu komplex, als dass man sie einfach durch die vermehrte Zugabe von Ballaststoffen und Wasser zur Ernährung behandeln – oder auf diese Weise dagegen vorbeugen – könnte. Wie andere Ernährungswissenschaftler und Diätspezialisten auch habe ich normalerweise Patienten beraten, die ihre Verdauungsprobleme vorher von einem Arzt diagnostizieren ließen oder sich gerade wegen Erkrankungen des Magen-Darm-Trakts in Behandlung bei einem Gastroenterologen befanden. Manchmal konnte ich helfen, indem ich durch Anleitungen für eine Ausschlussdiät die ärztliche Diagnose erleichterte. Oder ich habe sie auf Grundlage der gestellten Diagnose ernährungsphysiologisch beraten. Doch wenn Patienten mit chronischen oder akuten Magen-Darm-Beschwerden zu mir kamen, ohne sich vorher einer ärztlichen Untersuchung unterzogen zu haben, habe ich immer empfohlen, zunächst beim (Fach-)Arzt Rat zu suchen. Und genauso lautet auch meine Empfehlung an Sie!

Durch die (fach-)ärztliche Untersuchung und Diagnose können schwerwiegendere Erkrankungen wie Zöliakie oder Eierstockkrebs ausgeschlossen werden, die ebenfalls Bauchschmerzen, Blähungen und Völlegefühl verursachen können. Erst dadurch kann die Ursache erkannt und der Behandlungsverlauf festgelegt werden, der fast immer Ernährungsumstellungen mit einschließt. Drastische Veränderungen Ihrer Ernährung ohne vorherige ärztliche Beratung müssen schon deshalb unterbleiben, weil sie möglicherweise zu Symptomen führen, die später manche Ergebnisse diagnostischer Tests verschlechtern oder verfälschen können. (Wenn Sie beispielsweise annehmen, unter Zöliakie zu leiden, sollten Sie nicht schon vor den Diagnosetests anfangen glutenfrei zu essen, weil die Zöliakie dann nicht mehr erkannt werden kann). Fazit: Wenn Sie unter chronischen oder akuten Magen-Darm-Beschwerden leiden, gehen Sie zum Arzt, bevor Sie irgendetwas an Ihrer Ernährung verändern.

Chiasamen für einen gesunden Darm

Zitronen-Chia-Fresca

Diese traditionelle Chia-Fresca hat einen fruchtig-herben, leicht süßlichen Zitrusgeschmack. Sie enthält viele Ballaststoffe und keinen Zucker, wie er in traditionellen Limonaden üblich ist.

480 ml Wasser
3 EL frisch gepresster Zitronensaft
2 TL Chiasamen
1 EL Ahornsirup

Wasser, Zitronensaft, Chiasamen und Ahornsirup in ein großes Gefäß mit fest verschließbarem Deckel geben (Einmachglas oder großes Marmeladenglas mit Schraubverschluss) und gut schütteln, damit sich alles vermischt. Etwa 10 Minuten stehen lassen und dabei nochmals ein- bis zweimal durchschütteln.

Gut gekühlt servieren.

Im Kühlschrank hält sich die Fresca in einem luftdicht verschlossenen Behälter 2 bis 3 Tage.

Ergibt: 1 bis 2 Portionen

Apfel-Fenchel-Chia-Elixier

Die Süße der Äpfel und der lakritzähnliche Geschmack vom Fenchel werden in diesem Elixier durch den Zimt wunderbar abgerundet. Fenchel hilft gegen Blähungen und Zimt ist geradezu ein Supergewürz, das sowohl ausgleichend auf den Blutzuckerspiegel als auch wohltuend gegen Übelkeit wirkt.

3 mittelgroße Äpfel
2 mittelgroße Fenchelknollen
2 TL Chiasamen
1 Prise gemahlener Zimt

Äpfel und Fenchelknollen in einen Entsafter geben (sie sollten etwa 350 bis 480 Milliliter Saft ergeben). Chiasamen unterrühren und etwa 10 Minuten stehen lassen. Dabei ein- oder zweimal umrühren.

In 1 oder 2 Gläser gießen, mit Zimt bestäuben und eisgekühlt servieren.

Im Kühlschrank hält sich der Drink in einem luftdicht verschlossenen Behälter 2 bis 3 Tage.

Ergibt: 1 bis 2 Portionen

Superbeeren-Chia-Bucha

Dieses spritzig-fruchtige Getränk enthält rekordverdächtige Mengen an Antioxidantien aus dem Maqui-Beeren-Pulver, eine Fülle an Ballaststoffen aus den Chiasamen und die probiotische Kraft von Kombucha, einem fermentierten Teegetränk, das Ihrem Darm besonders guttut.

480 ml Kombucha
2 TL Maqui-Beeren-Pulver
1 TL frisch gepresster Limettensaft
2 TL Chiasamen
kalt geschleuderter Honig (aus der Region, nach Belieben)

Kombucha, Maqui-Beeren-Pulver, Limettensaft, Chiasamen und Honig in ein großes Gefäß mit fest verschließbarem Deckel geben (Einmachglas oder großes Marmeladenglas mit Schraubverschluss) und umrühren oder vorsichtig schütteln, damit sich alles vermischt (*Achtung*: Kombucha darf nicht heftig geschüttelt werden, da es Kohlensäure enthält). Etwa 10 Minuten stehen lassen und währenddessen nochmals ein- bis zweimal umrühren. Gut gekühlt servieren.

Im Kühlschrank hält sich dieser Drink in einem luftdicht verschlossenen Behälter 2 bis 3 Tage.

Ergibt: 1 bis 2 Portionen

Prickelnde Cranberry-Clementinen-Chia-Fresca

Die herb-säuerlichen Cranberrys sind richtige Superbeeren – sie sind besonders gesundheitsfördernd und darmfreundlich. In ihnen stecken Antioxidantien und Phytostoffe, die dem Herzen wohl tun und Krebs bekämpfen können. Außerdem enthalten sie jede Menge infektionsbekämpfende Wirkstoffe, die Bakterien davon abhalten, sich an der Blasen- und Magenwand festzusetzen. Das gilt beispielsweise auch für *Helicobacter Pylori* – ein Bakterium, das die Entstehung von Magengeschwüren begünstigt. Der etwas bittere Geschmack der frisch gepressten Cranberrys passt bei diesem prickelnd spritzigen Drink perfekt zu den süßen Clementinen – und damit ist kein zusätzlicher Zucker nötig.

200 g frische Cranberrys (oder aufgetaute tiefgefrorene)

10 Clementinen, geschält

1,5 l Mineralwasser mit Kohlensäure, eisgekühlt

2 EL Chiasamen

Cranberrys und Clementinen in einen Entsafter geben (sie sollten etwa 480 Milliliter Saft ergeben). Saft in einen großen Krug gießen, das Mineralwasser dazugeben und die Chiasamen unterrühren. Etwa 10 Minuten stehen lassen. Dabei ein- oder zweimal umrühren.

In Gläser gießen und eisgekühlt servieren.

Im Kühlschrank hält sich der Drink in einem luftdicht verschlossenen Behälter 2 bis 3 Tage.

Ergibt: 6 bis 8 Portionen

Süßer grüner Smoothie

Grüne Gemüsesorten wirken stark basisch und entgiftend. Grünes Blattgemüse, wie der mild schmeckende Spinat in diesem Rezept, ist außerdem reich an wichtigen Vitaminen und Mineralstoffen wie Vitamin A und K, Folat und Eisen. Wenn diese grünen Alleskönner in einen Smoothie verwandelt werden, saugt Ihr Körper nicht nur gesundheitsfördernde Nährstoffe auf, sondern bekommt, weil der Mixer Ihre Nahrung für Sie sozusagen „vorgekaut" hat, zusätzlich eine kleine „vorverdaute" Ladung an Ballaststoffen (mehr als 10 Gramm in diesem Rezept) mitgeliefert.

360 ml Wasser

180 g tiefgefrorene Ananasstückchen

30 g Spinat, fest zusammengedrückt

2 Stangen Staudensellerie, gehackt

1 Salatgurke, in Scheiben geschnitten
  (geschält, falls nicht in Bio-
  Qualität)

Saft von 1 Zitrone

3 EL frische Petersilie

1 EL Chiasamen

Alle Zutaten in einen Hochgeschwindigkeitsmixer geben und pürieren, bis Ihr Smoothie ein schön cremige Konsistenz hat.

Ergibt: 1 bis 2 Portionen

Einfaches Morgenmüsli

Genießen Sie dieses kinderleicht herzustellende Frühstück, das die ballast-stoffreiche Power von Vollkorn-Haferflocken, Trockenobst und Chiasamen in sich vereint. Ich mische davon meist gleich die zwei- oder dreifache Menge und bewahre sie dann im Kühl- oder Gefrierschrank auf, damit ich stets eine gesunde Müslimischung zur Hand habe.

160 g Haferflocken
(siehe Anmerkung)

50 g Walnüsse in Rohkostqualität,
gehackt

70 g goldgelbe Rosinen, in Bio-Qualität

70 g getrocknete Aprikosen
in Bio-Qualität, gehackt

50 g Chiasamen

30 g Weizenkeime (nach Belieben;
siehe Anmerkung)

kalt geschleuderter Honig
(aus der Region, nach Belieben)

Alle Zutaten in einer großen Schüssel vermischen. In einem luftdicht ver-schlossenen Behälter aufbewahren. Hält sich am besten im Kühl- oder Gefrierschrank.

Ergibt: etwa 300 Gramm

Für ein kaltes Müsli: Für eine Portion von 20 Gramm Müsli mit 60 Millilitern Kokosmilch (oder anderer Pflanzenmilch) in eine kleine Schüssel geben. 5 bis 10 Minuten oder über Nacht quellen lassen, auf Wunsch Honig darüber-träufeln und servieren.

Für ein warmes Müsli: Pro Portion 20 Gramm Müsli mit 60 Millilitern Kokosmilch (oder anderer Pflanzenmilch) in einen kleinen Topf geben. Aufkochen lassen, vom Herd nehmen und nach Belieben mit Honig süßen. Noch warm servieren.

Anmerkung: Dieses Rezept ist glutenfrei, wenn Sie die Weizenkeime weglassen und glutenfreie Haferflocken dafür ver-wenden. Falls Sie sich glutenfrei ernähren wollen, verwenden Sie also nur Hafer-flocken, die auf dem Etikett ausdrücklich als „glutenfrei" gekennzeichnet sind.

Karotten-Korinthen-Salat mit Sanddorn-Dressing

Dieser etwas süßliche Salat wird mit einem spritzig-würzigen Dressing aus dem Saft fruchtig-herber Sanddornbeeren angemacht. Manchmal wird Sanddorn auch als das „natürliche Multivitamin" bezeichnet, weil seine Beeren zu den ergiebigsten Vitamin-C-Quellen überhaupt gehören. Außerdem enthalten sie eine gesunde Mischung aus Fettsäuren, die die Heilung von Schleimhautschäden im Magen-Darm-Trakt begünstigen sowie Verstopfung und Geschwüren vorbeugen können. Genießen Sie diesen nahrhaften Salat pur oder unter die grünen Blätter Ihres Lieblings-salats gemischt.

- **220 g Korinthen in Bio-Qualität**
- **450 g geriebene Karotten**
- **2 EL Chiasamen**
- **3 EL Olivenöl extra vergine**
- **2 EL reiner Sanddornsaft in Bio-Qualität**
- **2 TL Agavendicksaft in Rohkostqualität**
- **1 Prise Meersalz**

Die Korinthen eine Viertelstunde in warmem Wasser aufweichen lassen. Gut abtupfen. Korinthen, Karotten und Chiasamen in eine Schüssel geben und vermischen. In einem Schälchen das Olivenöl mit dem Sanddornsaft, dem Agavendicksaft und dem Meersalz verquirlen. Dressing über den Salat geben, anmachen und servieren oder bis zum Servieren in den Kühlschrank stellen.

Ergibt: 4 bis 6 Portionen

Chicorée-Bötchen mit Apfel-Salsa

Diese Apfel-Salsa ist eine knackige, leckere Mahlzeit mit der Kraft der Ballaststoffe aus gehackten Feigen, Äpfeln und Chiasamen. Die natürlich süßen Feigen enthalten jede Menge Kalzium (fast 170 Milligramm pro 100 Gramm) und fast 10 Gramm Ballaststoffe pro 100 Gramm. Die darmfreundlichen Äpfel sind reich an Präbiotika und damit Superfrüchte für eine gesunde Verdauung. In der Apfelschale sind mehr als ein Dutzend verschiedene krebsbekämpfende Stoffe enthalten. Genießen Sie diese Salsa hübsch angerichtet auf Chicoréeblättern, als kleine Mahlzeit für zwischendurch oder vermischt mit einem grünen Blattsalat Ihrer Wahl.

3 Äpfel, entkernt und fein gehackt

10 getrocknete Feigen (am besten die Sorte Calimyrna oder Black Mission), fein gehackt

2 oder 3 kleine Schalotten, gewürfelt

2 TL Chiasamen

1 EL frisch gepresster Zitronensaft

1 TL Olivenöl extra vergine

1 TL kalt geschleuderter Honig (aus der Region)

1 Prise Meersalz

2 rote oder weiße Chicorée

Äpfel, Feigen, Schalotten, Chiasamen, Zitronensaft, Olivenöl, Honig und Salz in eine große Schüssel geben und gut vermischen. Die harten Enden der Chicorée-Knospen abschneiden und Blätter einzeln ablösen. Jeweils 1 gehäuften Esslöffel Apfel-Salsa auf jedes Blatt geben. Bis zum Servieren in den Kühlschrank stellen. Gekühlt servieren.

Ergibt: etwa 36 gefüllte Blätter

Spargel-Lauch-Suppe mit feiner Cashewcreme

Spargel und Lauch haben beide einen hohen Gehalt an Präbiotika, die die „guten" Bakterien im Darm ernähren. Damit fördern sie die Verdauung, steigern die Nährstoffaufnahme und kurbeln das Immunsystem an. Spargel ist außerdem eine wertvolle Quelle für Glutathion, ein Wirkstoff, der auch in Rosenkohl und Grünkohl enthalten ist und einige krebserregende Stoffe bekämpfen kann.

2 EL Olivenöl extra vergine

3 große Stangen Lauch, in Ringe geschnitten

2 Bund Spargel (etwa 700 g), geschält, von verholzten Enden befreit und in etwa 3 cm große Stücke geschnitten

950 ml Gemüsebrühe

70 g Cashewkerne in Rohkostqualität (6–8 Stunden in Wasser eingeweicht)

120 ml Wasser

2 EL gemahlene Chiasamen

½ TL geriebene Muskatnuss

Meersalz und frisch gemahlener schwarzer Pfeffer (nach Belieben)

Öl in einem großen Topf erhitzen. Bei mittlerer Hitze Lauchringe zugeben und andünsten, bis sie weich sind (ca. 5 Minuten). Spargelstücke und Gemüsebrühe hineingeben und aufkochen lassen. Hitze reduzieren, abdecken und unter gelegentlichem Umrühren vor sich hin köcheln lassen, bis der Spargel weich ist (ca. 10 bis 15 Minuten). In der Zwischenzeit die Cashewkerne abgießen und mit dem frischen Wasser in einem Hochgeschwindigkeitsmixer pürieren, bis eine schön cremige Konsistenz entsteht. Beiseitestellen.

Die Suppe vom Herd nehmen und die gemahlenen Chiasamen unterrühren. Mit einem Pürierstab durchmixen, bis sie schön sämig ist. (Mit dem Mixer die abgekühlte die Suppe portionsweise pürieren und wieder in den Suppentopf füllen.) Mit Meersalz und schwarzem Pfeffer abschmecken. Die feine Cashewcreme in die Suppe einrühren oder die Suppe in Servierschalen füllen und jede Schale spiralförmig mit 1 bis 2 Teelöffeln leckerer Cashewcreme garnieren.

Ergibt: 6 bis 8 Portionen

Sellerie-Kartoffel-Püree

Knollensellerie verwende ich am liebsten in Suppen und in diesem Sellerie-Kartoffel-Püree, dem ich für einen höheren Ballaststoffgehalt noch Chiasamen zusetze. Wie Kartoffeln enthält auch die Selleriewurzel jede Menge Kalium und wie die grüne Staudensellerie wirkt sie sich wohltuend auf die Verdauung aus. Damit bringt sie Linderung bei Gastritis, fördert die Heilung der Magenschleimhaut und verringert so das Risiko von Magengeschwüren.

450 g Knollensellerie, geschält und in kleine Würfel von etwa 4 cm geschnitten

450 g Kartoffeln (mehlig kochend), geschält und in kleine Würfel von etwa 4 cm geschnitten

3 EL Olivenöl extra vergine

1 EL Chiasamen

Meersalz und frisch gemahlener schwarzer Pfeffer (nach Belieben)

Die Selleriestücke in einem großen Topf mit Wasser zum Kochen bringen. Etwa 2 bis 3 Minuten kochen lassen. Dann die Kartoffeln zugeben und 10 bis 12 Minuten weiterkochen lassen, bis das Gemüse weich ist. Abgießen und gut abtropfen lassen. Sellerie und Kartoffeln durch eine Kartoffelpresse in eine große Schüssel drücken. Olivenöl und Chiasamen unterrühren. Mit Meersalz und schwarzem Pfeffer abschmecken und warm servieren.

Ergibt: 4 bis 6 Portionen

Back-to-the-Roots-Studentenfutter

Studentenfutter ist ein einfacher und sättigender Snack voller Eiweiße und Ballaststoffe für den kleinen Hunger zwischendurch. Um Chiasamen in Studentenfutter zu integrieren, müssen die Samen mit dem Trockenobst so zusammenkleben, dass sie daran haften bleiben und sich nicht unten in der Tüte ansammeln. Mischen Sie eine Ration (oder gleich zwei oder drei!) dieses Studentenfutters und bewahren Sie es einem verschlossenen Glasbehälter in Ihrer Speisekammer, Ihrem Küchenschrank (oder Kühl- oder Gefrierschrank) auf. Dann haben Sie immer etwas vorrätig, wenn Sie dringend etwas Süßes und Knuspriges (mit einem Ballaststoffschub) brauchen.

80 g Rosinen in Bio-Qualität

80 g goldgelbe Rosinen in Bio-Qualität

70 g getrocknete Aprikosen, in Bio-Qualität, fein gehackt

1 EL Chiasamen

140 g Cashewkerne in Rohkostqualität

30 g Kürbiskerne in Rohkostqualität

40 g Sonnenblumenkerne in Rohkostqualität

30 g Kakaonibs (Kakaobohnenbruch) in Rohkostqualität

Trockenobst und Chiasamen zusammen in eine große Schüssel geben. Mit den Fingern die Chiasamen sanft mit den klebrigen Stückchen des Trockenobsts zusammendrücken. Die übrigen Zutaten daruntermischen. In einem luftdicht verschlossenen Behälter aufbewahren. Am besten hält sich das Studentenfutter im Kühl- oder Gefrierschrank.

Ergibt: etwa 500 Gramm

Apfel-Birne-Zimt-Müsli-Riegel

Dieser vollwertige Müsli-Riegel ist ein perfekter ballaststoffreicher Snack für den Herbst. Er kombiniert die natürliche Süße von Äpfeln und Birnen, die reichlich Präbiotika enthalten, mit dem wärmenden Zimt, der gegen Entzündungen und Übelkeit hilft. Dazu kommen noch die gesunden Fette und Proteine aus dem Mix von vier knackigen Kernen und Supersamen. Eine ideale Zwischenmahlzeit für zu Hause oder unterwegs!

2 Äpfel, entkernt und gehackt
2 Birnen, entkernt und gehackt
2 TL frisch gepresster Zitronensaft
50 g Chiasamen
40 g ganze Leinsamen
20 g Kürbiskerne in Rohkostqualität
**40 g Sonnenblumenkerne in Rohkost-
   qualität**
1 TL gemahlener Zimt
½ TL naturreiner Vanilleextrakt
1 Prise Meersalz

Äpfel, Birnen und Zitronensaft in einer Küchenmaschine zu einer feuchten, dicken Masse verarbeiten, in der aber noch kleine Stückchen sichtbar sind. Das Obst in eine große Schüssel geben, die Kerne und Samen sowie Zimt, Vanilleextrakt und Meersalz unterrühren. Einen Gitterboden Ihres Dörrautomaten mit Dörrfolie auslegen und dann die Masse darauf verstreichen, sodass ungefähr ein Quadrat von etwa 25 cm Seitenlänge und 1 cm Dicke entsteht. Trocknen Sie das Ganze bei 40 °C etwa 24 Stunden lang. Die Masse sollte aber immer noch weich sein.

Den Boden aus dem Dörrautomat nehmen und die Masse vorsichtig auf ein Schneidebrett geben. Die Dörrfolie langsam abziehen und die Müslimasse in acht Riegel (6 x 13 Zentimeter) schneiden. Die einzelnen Riegel auf den Gitterboden geben und nochmals 10 bis 12 Stunden bei 40 °C trocknen lassen. Am Ende müssen die Riegel fest und trocken sein, aber eine leicht zähe Konsistenz beim Kauen haben. In einem luftdicht verschlossenen Behälter aufbewahren.

Ergibt: etwa 8 Riegel

KAPITEL 4

Gestärkt und entspannt: Chiasamen für das Herz und den Blutzuckerspiegel

Die kleinen Chiasamen sind vollgepackt mit krankheitsbekämpfenden Nährstoffen: Sie enthalten entzündungshemmende Omega-3-Fettsäuren, herzstärkende Ballaststoffe und zellschützende Antioxidantien. Das günstige Mischungsverhältnis von Eiweiß, Fett, Ballaststoffen und Kohlenhydraten sorgt dafür, dass sich Ihr Blutzuckerspiegel – und damit auch Ihr Energieniveau – auf einem gleichbleibenden Level hält. Wissenschaftler konnten – wenig überraschend – feststellen, dass die Nährstoffe der Chiasamen dabei helfen können, Blutzuckerwerte zu verbessern und sogar das Wachstum von bestimmten Krebszellen zu hemmen. Auch können hohe Cholesterin- und Blutdruckwerte gesenkt und damit wichtige Risikofaktoren für Herzkrankheiten entschärft werden. In diesem Kapitel werden Sie mehr über die positiven Auswirkungen von Chiasamen auf Ihr Herz und Ihren Blutzuckerspiegel erfahren. Ich möchte Ihnen zeigen, wie Sie diese Supersamen am besten in Ihre Ernährung integrieren, um von ihren gesundheitsfördernden Wirkungen zu profitieren.

Omega-3-Alternative zu Fischöl

Chiasamen sind eine reichhaltige Nahrungsquelle für eine ganz bestimmte pflanzliche Omega-3-Fettsäure, die Alpha-Linolensäure (ALA). Omega-3-Fettsäuren gehören zu den mehrfach ungesättigten Fettsäuren, die die Herzgesundheit schützen. Eine davon ist die ALA, die nur in pflanzlichen Nahrungsmitteln vorkommt, andere sind die DHA (Docosahexaensäure) und die EPA (Eicosapentaensäure), die beide hauptsächlich in fetten Kaltwasserfischen wie Lachs und Sardinen vorkommen. Alle Omega-3-Fettsäuren können Entzündungen hemmen, Entwicklung

AUF DEN PUNKT GEBRACHT: HERZERKRANKUNGEN

Unter Herzerkrankungen, die häufig auch als Herz-Kreislauf-Erkrankungen bezeichnet werden, versteht man eine Reihe von Erkrankungen des Herzens und der Blutgefäße. Dazu gehören *Angina Pectoris* (schmerzhaftes Druck- und Engegefühl in der Brust), Herzrhythmusstörungen und die koronare Herzkrankheit, die laut der CDC (*Centers for Disease Control and Prevention*) vom US-Gesundheitsministerium als häufigste Form der Herzerkrankung gilt. Eine koronare Herzkrankheit entsteht, wenn die Arterien durch die ständig wachsenden Fettablagerungen (Plaques) – die sogenannte Arterienverkalkung – verengt und hart werden. Dies kann zu einem reduzierten Blutfluss, einer mangelnden Sauerstoffzufuhr zum Herzen und als Folge davon zu einem Herzinfarkt und zum Tode führen. Neben einer erblichen Vorbelastung gelten als wichtigste Risikofaktoren für Herz-Kreislauf-Erkrankungen: Bluthochdruck, hohe Cholesterinwerte, Entzündungen der Blutgefäße, Übergewicht und Diabetes. Selbst verschuldete Faktoren wie Zigarettenrauchen, übermäßiger Alkoholgenuss, Mangel an Bewegung, Stress und ungesunde Ernährung können ebenfalls das Risiko für eine Herz-Kreislauf-Erkrankung erhöhen. In diesem Kapitel möchte ich Ihnen einfache Ernährungstipps zur Förderung der Gesundheit Ihres Herzens geben – u. a. natürlich durch die Verwendung von Chiasamen.

und Gesundheit des Gehirns fördern, Arthritisschmerzen lindern und das Risiko von Herz-Kreislauf-Erkrankungen herabsetzen. Die gesundheitlichen Vorzüge von EPA und DHA sind wissenschaftlich bereits umfassend nachgewiesen, und inzwischen haben Forscher herausgefunden, dass ALA (die im Körper in EPA und DHA umgewandelt wird) wohl ähnliche positive Auswirkungen auf die Gesundheit hat, vor allem auf das Herz. Eine ALA-reiche Ernährung kann den Blutdruck und den Cholesterinspiegel senken und somit das Risiko einer Herzerkrankung bis hin zum plötzlichen Tod durch Herzinfarkt verringern. Wissenschaftler haben festgestellt, dass bei steigendem Verzehr von ALA-reichen Lebensmitteln die Sterberate infolge von Herzkrankheit und Herzinfarkt abzunehmen scheint. ALA-reiche Nahrungsmittel wie Chiasamen sind also eine gute Wahl, um Ihre Aufnahme von Omega-3-Fettsäuren zu steigern und etwas Gutes für Ihre Herzgesundheit zu tun umso mehr, wenn Sie zu denjenigen gehören, die keinen DHA- und EPA-reichen Fisch essen oder Fischöl-Nahrungsergänzungsmittel zu sich nehmen.

Zweifellos sind Chiasamen eine der reichhaltigsten pflanzlichen ALA-Quellen überhaupt – sie verfügen über den höchsten Anteil an ALA insgesamt (sogar noch höher als in Leinsamen). Auch Leinsamen, Sacha-Inchi-Samen und Walnüsse verfügen über einen hohen Gehalt an ALA. Schon 2 bis 2½ Esslöffel Chiasamen enthalten fast 9 Gramm Gesamtfett, davon sind über 75 Prozent mehrfach ungesättigte Fettsäuren (einschließlich ALA). Mischt man Chiasamen Tieren ins Futter, dann haben ihre Eier, ihr Fleisch und ihre Milch einen höheren Gehalt an Omega-3-Fettsäuren. Für den Menschen konnten Forscher nachweisen, dass sich die Plasmaspiegel von ALA und EPA durch den Zusatz von Chiasamen zur Nahrung zu erhöhen scheinen. In der Zeitschrift Plant Foods in Human Nutrition von 2012 legten Wissenschaftler eine entsprechende Studie vor: Nachdem sie 7 Wochen lang täglich etwa 2 Esslöffel gemahlene Chiasamen zu sich genommen hatten, war der ALA- bzw. EPA-Spiegel bei den beteiligten 10 postmenopausalen Frauen um 138 Prozent bzw. 30 Prozent gestiegen. In einer ähnlichen Untersuchung an Ratten, ebenfalls 2012 veröffentlicht, konnte man zeigen, dass nach einer 3-wöchigen Zufütterung von Chiasamen-Öl sich höhere Konzentrationen von Omega-3-Fettsäuren in ihrem Blutplasma und Gewebe befanden und dass sie außerdem ein besseres Omega-6-zu-Omega-3-Fettsäuren-Verhältnis aufwiesen. (Wenn Sie mehr über die Bedeutung des Omega-6-zu-Omega-3-Fettsäuren-Verhältnisses erfahren wollen, lesen Sie am besten gleich den nachfolgenden Text im Abschnitt „Haben Sie das gewusst?"). Diese Ergebnisse ähnelten dem einer Studie aus dem Jahre 2007, die nachgewiesen hatte, dass Ratten, die mit Chiasamen (in Form von ganzen Chiasamen, gemahlenen Chiasamen und Chia-Öl) gefüttert wurden, alle signifikant erhöhte Plasmaspiegel an ALA, EPA und DHA hatten und außerdem ein verbessertes Omega 6-zu-Omega-3-Fettsäuren-Verhältnis – im Gegensatz zu den Tieren der Kontrollgruppe, deren Futter ohne Chiasamen geblieben war.

Haben Sie das gewusst?

Sowohl Omega-3- als auch Omega-6-Fettsäuren sind wichtig für Ihre Gesundheit – allerdings kommt es dabei auf das richtige Mengenverhältnis an. Nach Einschätzung von Experten liegt das optimale Verhältnis bei 1 zu 1. Die meisten Menschen in unserer Wohlstandsgesellschaft nehmen diese Fettsäuren aber in einem Verhältnis von 10 (Omega-6-Fettsäuren) zu 1 (Omega-3-Fettsäuren) zu sich – sie ernähren sich also extrem omega-6-lastig. Zwar brauchen wir auch diese Fettsäuren, doch zu viel davon – normalerweise befinden sie sich als Pflanzenöle in industriell verarbeiteten Nahrungsmitteln – fördert Entzündungen. Der notwendige Ausgleich zugunsten der Omega-3-Fettsäuren ist aber ganz einfach: Essen Sie weniger verarbeitete Nahrungsmittel (wie z. B. abgepackte Cracker, Chips und Kekse) und mehr omega-3-haltige vollwertige Nahrungsmittel. Sie können beispielsweise 2- bis 3-mal pro Woche fetten Fisch wie Wildlachs und Sardinen oder Algen essen, die reich an DHA und EPA sind. Außerdem können Sie täglich 1 oder 2 Portionen ALA-reiche Nüsse oder Samen zu sich nehmen, wie Chiasamen, Leinsamen, Sacha-Inchi-Samen und Walnüsse. Als reiche Quelle für Omega-3-Fettsäuren lassen sich Chiasamen besonders leicht in Ihren Speiseplan einbauen – vor allem, wenn Sie keinen Fisch und kein Fischöl essen.

AUF DEN PUNKT GEBRACHT: DIABETES

Diabetes mellitus (Zuckerkrankheit) ist eine Stoffwechselerkrankung, bei der die Blutzuckerspiegel erhöht sind. Grund dafür kann entweder die Unfähigkeit der Bauchspeicheldrüse sein, ausreichend Insulin (ein Hormon, das für den Transport des Blutzuckers zu den Körperzellen verantwortlich ist) herzustellen oder aber die Unfähigkeit der Körperzellen, auf das produzierte Insulin zu reagieren. Zwei Hauptformen werden unterschieden: Typ-1-Diabetes (früher auch insulinabhängiger Diabetes genannt) und Typ-2-Diabetes (früher auch nicht-insulin-abhängiger Diabetes genannt). Bei der Typ-1-Diabetes handelt es sich um eine Autoimmunerkrankung, bei der der Körper die Bauchspeicheldrüse „angreift" und bewirkt, dass sie wenig oder kein Insulin mehr produziert. Die Typ-2-Diabetes wird normalerweise durch eine Insulinresistenz ausgelöst (Unfähigkeit des Körpers, das von der Bauchspeicheldrüse produzierte Insulin zu verwenden). Diesem Typ liegt häufig eine genetische Disposition zugrunde oder hängt zusammen mit vorausgehendem Schwangerschaftsdiabetes (erhöhte Blutzuckerspiegel während der Schwangerschaft), mit Fettleibigkeit (Adipositas), fortgeschrittenem Alter und Bewegungsmangel.

Symptome und Komplikationen von Diabetes sind u. a. erhöhter Durst, häufiges Wasserlassen, Gewichtsverlust, Hunger, Müdigkeit, Erschöpfung, Nervenschädigungen, Sehprobleme und Nierenerkrankungen. In den meisten Fällen können Sie Diabetes, vor allem Typ-2-Diabetes, durch eine Umstellung Ihrer Ernährung und Lebensführung vorbeugen. Behandelt wird Diabetes mit einer Kombination aus Diät, Veränderung des Lebensstils und Medikamenten. Wenn bei Ihnen Diabetes diagnostiziert wurde, gehen Sie zu einem zertifizierten Ernährungsberater oder einem Facharzt für Diabetes und lassen Sie sich beraten – auch über die Verwendung von Chiasamen oder anderen blutzuckerfreundlichen Lebensmitteln, um Ihre Therapie zu unterstützen.

Chiasamen können Ihre Blutfett- und Blutzuckerwerte verbessern

Wissenschaftliche Studien belegen, dass der Zusatz von Chiasamen zur Ernährung von fettleibigen oder insulinresistenten Ratten dazu beitragen kann, hohe Blutfettwerte (wie Cholesterin und Triglyzeride) zu senken, Insulinresistenz und Blutzuckerkontrolle zu verbessern und das viszerale Fettgewebe (Fett im Bauchraum um die Organe) zu verringern. Forscher der Universität von Arizona in Tucson konnten 2007 in einer Studie zeigen, dass sich die Triglyzeridwerte bei den Ratten, deren Futter ganze Chiasamen beigemischt war, deutlich senkte. Bei denjenigen Ratten, die gemahlene Chiasamen bekamen, erhöhte sich der ("gute") HDL-Cholesterinspiegel deutlich. In einer neueren Studie von 2012 beobachteten die Wissenschaftler, dass Ratten, die zu ihrem fett- und kohlenhydratreichen Futter 8 Wochen lang zusätzlich 5 Prozent Chiasamen bekamen, verminderte Entzündungen in Herz und Leber, weniger Bauch- und Leberfett sowie eine verbesserte Insulinsensibilität und Glukosetoleranz im Vergleich zur Kontrollgruppe aufwiesen. Ähnliche Ergebnisse zeigten sich auch beim Menschen: Im Jahr 2007 veröffentlichte *Diabetes Care* eine Untersuchung über die Auswirkung von Chiasamen bei 20 Versuchspersonen mit Typ-2-Diabetes. Zwölf Wochen lang nahmen die Probanden 27 Gramm Chiasamen (etwas mehr als 2 Esslöffel) oder stattdessen Weizenkleie zu sich. Die Forscher stellten fest, dass sich bei den Personen der Chiasamengruppe die Plasmaspiegel von ALA und EPA verdoppelten, während bestimmte Entzündungsmarker und Proteine, die bei der Blutgerinnung eine Rolle spielen, zugleich abnahmen. Außerdem hatten diese Patienten einen niedrigeren systolischen Blutdruck (der obere Wert bei der Blutdruckmessung, der angibt, mit welchem Druck das Blut beim Herzschlag in die Arterien gedrückt wird). Ein unbehandelter hoher systolischer Blutdruck kann zu einem Herzinfarkt, Schlaganfall oder Nierenschaden führen. Darüber hinaus kann die Aufnahme von Chiasamen in die Ernährung helfen, die Blutzuckerkontrolle zu verbessern – dies zeigt sich in der signifikanten Senkung der Hämoglobin-A1C-Werte, einem Messwert in der langfristigen Blutzuckerkontrolle.

In einer Studie, die 2012 im *Journal of Nutrition* erschien, haben Wissenschaftler aus Mexiko die Auswirkungen einer kalorienreduzierten Diät auf die Blutzucker- und Blutfettwerte von 67 Patienten mit metabolischem Syndrom untersucht (einer Gruppe von Risikofaktoren, die Ihr Risiko für Herz-Kreislauf-Erkrankungen, Diabetes und Schlaganfall erhöhen). Dabei erhielt ein Teil der Patienten zusätzlich ein Getränk auf der Basis von sogenannten funktionellen Lebensmitteln (*Functional Food*), das aus Sojaprotein, Kaktusfeige, 4 Gramm Chiasamen und Hafer bestand. Nach 2 Monaten hatten alle Probanden aufgrund der kalorienreduzierten Diät an Gewicht verloren und ihren Body Mass Index (BMI) sowie ihren Bauchumfang reduziert. Allerdings waren bei denjenigen, die zusätzlich das Getränk zu sich genommen hatten, die Triglyzerid- und Blutzuckerspiegel gesunken und außerdem war weniger C-reaktives Protein (ein Entzündungsmarker) vorhanden.

Ballaststoffreiche Ernährung lässt das Risiko von Herz-Kreislauf-Erkrankungen sinken

Wie Sie inzwischen wissen, enthalten Chiasamen jede Menge Ballaststoffe, die Ihren Blutzuckerspiegel verbessern können, Ihrem Herzen guttun und das Risiko für bestimmte Krebsarten senken. Im letzten Kapitel haben Sie erfahren, dass Chiasamen nicht nur unlösliche Ballaststoffe (die Ihrer Verdauung und Ausscheidung helfen), sondern auch lösliche Ballaststoffe enthalten, die gut für Ihr Herz sind. Studien über die gesundheitlichen Vorzüge von Ballaststoffen zeigen: Je mehr Ballaststoffe und Vollkornprodukte Sie verzehren (Mehr dazu finden Sie im Abschnitt „Auf den Punkt gebracht: Vollkorn macht satt" auf Seite 19), desto höher ist die Wahrscheinlichkeit, dass Sie weniger wiegen und weniger gefährdet sind, eine Herzerkrankung, Krebs oder Typ-2-Diabetes zu bekommen. Es ist wissenschaftlich belegt, dass eine fettreduzierte Ernährung, in die gleichzeitig mehr Ballaststoffe aus Vollwertlebensmitteln aufgenommen wird (etwa 6 Portionen Gemüse, Obst und Vollkornprodukte pro Tag), das Risiko von Herz-Kreislauf-Erkrankungen und manchen Krebsarten deutlich herabsetzt. Für eine gesunde Gewichtskontrolle wird eine tägliche Aufnahme von 25 bis 35 Gramm Ballaststoffen empfohlen. Mit nur 2 bis 2½ Esslöffeln Chiasamen, die fast 10 Gramm Ballaststoffe enthalten, können Sie also ganz einfach Ihre tägliche Ballaststoffzufuhr erhöhen.

Chiasamen enthalten jede Menge krebs-bekämpfende Antioxidantien und Ballaststoffe

Wissenschaftliche Studien bestätigen, dass Sie Ihr Mund-, Brust- und Darmkrebs-Risiko (Dünndarm und Dickdarm) signifikant senken können, wenn Sie Ihre Ballaststoffaufnahme erhöhen. Ballaststoffe vergrößern das Stuhlvolumen und sorgen für einen besseren Transport der Abfallstoffe (einschließlich der Giftstoffe) durch den Darm und aus dem Körper. Der Kontakt von potenziell krebserregenden Substanzen mit der Darmschleimhaut wird dadurch begrenzt. Außerdem werden die Ballaststoffe im Dickdarm von den hier lebenden Bakterien durch Fermentation zu kurzkettigen Fettsäuren abgebaut, die nach Ansicht der Wissenschaftler nicht nur die Dickdarmzellen „ernähren", sondern auch krebshemmend wirken.

Außer Ballaststoffen enthalten Chiasamen auch jede Menge Antioxidantien: Flavonoide, die Ihre Herzgesundheit stärken und Krebs bekämpfen, und Zimtsäuren (wie Kaffeesäure). Neuere Zellstudien haben zudem ergeben, dass Chiasamen-Extrakt das Wachstum von bestimmten Krebsarten (z. B. Brustkrebs) verhindern können.

Praktische Tipps

- Versuchen Sie 2 bis 2½ Esslöffel Chiasamen in Ihre tägliche Ernährung einzubauen, damit Sie Ihrem Körper die Extra-Dosis von 10 Gramm Ballast-stoffen und weitere Nährstoffe zuführen, die er braucht, um sein optimales Gewicht

AUF DEN PUNKT GEBRACHT: ARGININ

In Chiasamen ist reichlich herzschützendes Arginin enthalten, das als semiessenzielle Aminosäure eingestuft wird. Das bedeutet, dass Ihr Körper es zwar selbst produzieren kann, aber nicht in ausreichendem Maße, sodass der Bedarf zusätzlich durch den Verzehr von argininreichen Nahrungsmitteln (wie Chiasamen) gedeckt werden muss. In Ihrem Körper wird Arginin in Stickstoffmonoxid umgewandelt, das vasodilatatorisch wirkt, d. h. die Blutgefäße entspannt und erweitert. Deshalb kann die Aufnahme von argininreichen Nahrungsmitteln (in manchen Fällen auch in Form eines L-Arginin-Nahrungsergänzungsmittels) die Blutdrucksenkung unterstützen oder bei der Behandlung von bestimmten Herzerkrankungen (wie Angina Pectoris, kongestiver Herzinsuffizienz und koronarer Herzkrankheit) helfen. Weil Arginin auf die Blutgefäße einwirkt, kann es auch die Behandlung von erektilen Funktionsstörungen positiv unterstützen. Ein hoher Anteil an Arginin findet sich außer in Chiasamen auch in Nüssen und Samen wie Walnüssen, Mandeln, Paranüssen und Sesam sowie in Kokosnuss, Schokolade, Fleisch, Fisch und Geflügel. Da die Nährstoffe in Nahrungsmitteln eher in Einklang miteinander arbeiten, empfehle ich fast immer vollwertige Lebensmittel anstelle von Nahrungsergänzungsmitteln. Sollten Sie trotzdem ein Nahrungsergänzungsmittel wie L-Arginin vorziehen, fragen Sie auf jeden Fall zuerst Ihren Arzt, vor allem wenn Sie auch noch Medikamente einnehmen

und beste Gesundheit zu erhalten. Nehmen Sie die Chiasamen über den Tag verteilt zu sich.
* Probieren Sie einfach einige der „herzfreundlichen" Gerichte in diesem Kapitel aus, so etwa das Superbeeren-Haferflocken-Müsli (Seite 120) oder den Chia-Pudding für (echte) Schokoladen-Liebhaber (Seite 119) zum Frühstück (Ja, Sie haben richtig gehört, Schokolade zum Frühstück!) und als kleine

Zwischenmahlzeit die Heidelbeer-Chiasamen-Müsli-Riegel (Seite 130) oder die Zitronen-Kokos-Schoko-Chia-Rinde (Seite 132). Als leckeres Abendessen empfehle ich die cremige Blumenkohlsuppe (Seite 124) oder den gerösteten Rosenkohl mit Weintrauben (Seite 125).

- Versuchen Sie auch ein paar der „blutzuckerfreundlichen" Rezepte, die ich in diesem Kapitel für Sie zusammengestellt habe. Hierbei habe ich die ballaststoff- und eiweißreichen Chiasamen mit anderen Lebensmitteln kombiniert, die einen niedrigen glykämischen Index aufweisen. Wie wär's mit herzhaften Veggie-Burgern aus schwarzen Bohnen, Vollkornreis und Wurzelgemüse (Seite 122) zum Abendessen oder getrockneten Apfel-Zimt-Keksen (Seite 131), wenn Sie mal wieder Lust auf Süßes haben?

- Nehmen Sie gesunde Fette in Ihren Speiseplan auf. Neben ALA-reichen Chiasamen gibt es einige andere Lebensmittel, die reich an einfach oder mehrfach ungesättigten Omega-3-Fettsäuren sind und dem Herzen guttun: Oliven, Olivenöl, Avocado, Walnüsse und Leinsamen. Sie dürfen auch ein kleine Menge (etwa 1 Esslöffel pro Tag) an gesättigten Fetten aus vollwertigen Lebensmitteln wie Butter und Kokosöl essen. Kokosöl scheint keinerlei (positive oder negative) Auswirkungen auf den Cholesterin- oder Triglyzeridspiegel zu haben. Als Faustregel gilt: Beschränken Sie Ihren Fettkonsum auf weniger als 30 Prozent Ihrer Gesamtkalorienzufuhr (bei 2000 Kalorien pro Tag wären das etwa 66 Gramm Fett insgesamt). Gesättigte Fette sollten dabei weniger als 10 Prozent Ihrer Gesamtkalorienzufuhr ausmachen (bei 2000 Kalorien wären das 20 Gramm gesättigte Fettsäuren, was etwa 2 Esslöffeln Butter oder 1½ Esslöffeln Kokosöl entspricht).

- Sie können nicht nur Ihrer Ernährung ballaststoffreiche Lebensmittel mit hohem Gehalt an Omega-3-Fettsäuren zusetzen wie z. B. Chiasamen – und natürlich mit dem Rauchen aufhören, Stress reduzieren, sich mehr bewegen (schon ein halbstündiger täglicher Spaziergang zeigt Wirkung) und den Alkoholkonsum einschränken (auf maximal ein Viertel Wein pro Tag für Männer und ein Achtel Wein pro Tag für Frauen).

Chiasamen für Ihre Gesundheit

Prickelnde Granatapfel-Heidelbeer-Chia-Fresca

Granatäpfel und Heidelbeeren enthalten eine Menge Vitalstoffe, die Ihr Herz stärken und krebshemmend wirken. Dieses prickelnde Getränk ist gemischt aus frischem süßen Heidelbeersaft und reinem Granatapfelsaft – mit ein paar knackigen Granatapfelkernen, die unten im Glas darauf warten, von Ihnen verzehrt zu werden. Wenn Sie experimentierfreudig sind (und Ihnen die damit verbundenen Umstände nichts ausmachen), können Sie auch direkt aus Granatapfelkernen frischen Saft machen anstatt den aus der Flasche zu benutzen.

50 g frische Granatapfel-Kerne

300 g frische Heidelbeeren
(oder etwas mehr aufgetaute tiefgefrorene)

240 ml naturreiner Granatapfelsaft

1 Liter Mineralwasser mit Kohlen-säure, eisgekühlt

2 EL Chiasamen

Granatapfelkerne in einen großen Krug geben und leicht zerdrücken, um etwas Saft herauszupressen. Heidelbeeren in den Entsafter geben, dann den frisch gepressten Heidelbeersaft zusammen mit dem Granatapfelsaft und dem Mineralwasser in den Krug gießen. Chiasamen einrühren, 10 Minuten stehen lassen und währenddessen ein- oder zweimal kurz durchrühren. In Gläser gießen und gekühlt servieren.

Im Kühlschrank hält sich der Drink in einem luftdicht verschlossenen Behälter 2 bis 3 Tage.

Ergibt: 6 bis 8 Portionen

Kirsch-Vanille-Chia-Smoothie

Dieser traumhaft cremige Smoothie vereint ungesüßte Kokosmilch mit süßen, saftigen Kirschen. Diese wunderbaren Früchte steuern nicht nur jede Menge krebsbekämpfende Karotinoide und herzstärkende Flavonoide bei, sondern wirken auch noch entzündungshemmend. Deshalb setze ich sie auch besonders gern gegen Arthritis ein. Auch für alle, die erholsameren Schlaf suchen, sind Kirschen (besonders die etwas saureren) eine außerordentlich gute Wahl, da sie viel Melatonin enthalten. Genießen Sie diesen leckeren Smoothie und Sie werden sich rundum wohlfühlen!.

320 g tiefgefrorene Süßkirschen
360 ml Kokosmilch, ungesüßt
230g zerstoßenes Eis
2 TL Chiasamen
½ TL naturreiner Vanilleextrakt

Alle Zutaten in einem Hochgeschwindigkeitsmixer pürieren, bis Ihr Smoothie schön cremig ist.

Ergibt: 1 bis 2 Portionen

Minziger Jasmintee-Superbeeren-Smoothie

Grüner Tee und die beiden dunklen Beerensorten machen diesen süßen und leicht minzigen Smoothie zu einem Kraftpaket an Antioxidantien. Der Tee enthält krebsbekämpfende Katechine und sowohl Açai- als auch Heidelbeeren liefern herzunterstützende Flavonoide. Dabei handelt es sich um die sogenannten Anthocyane, die den Beeren ihre dunkelviolette Farbe verleihen, aber auch helfen, Ihre Blutgefäße zu entspannen. Alle diese drei Power-Foods stärken Ihr Herz, können die Zerstörung bestimmter Krebszellen befördern und sogar die Leistungsfähigkeit Ihres Gehirns steigern.

300 g tiefgefrorene Heidelbeeren

360 ml grüner Bio-Jasmintee, eisgekühlt

100 g tiefgefrorener Açaibeeren-Smoothie

1 EL Chiasamen

1 EL frische Minzblätter, gehackt

Alle Zutaten in einen Hochgeschwindigkeitsmixer geben und pürieren, bis Ihr Smoothie schön cremig ist.

Ergibt: 1 bis 2 Portionen

Chia-Pudding für (echte) Schokoladen-liebhaber

Das an Antioxidantien reiche Kakaopulver ist das fein gemahlene Mehl aus Kakaobohnen, den Samen in den Früchten des Kakaobaums – dem Rohstoff jeder Schokolade. Kleine Mengen an Schokolade – besonders Kakao und dunkle Schokolade mit mindestens 70 Prozent Kakaogehalt – sind gut fürs Herz, können die Stimmung aufhellen und Stress abbauen. Dieser ballaststoffreiche Pudding ist einfach zuzubereiten und genau das Richtige, wann immer Sie Lust auf etwas köstlich Süßes oder Schokoladiges haben.

480 ml Kokosmilch, ungesüßt

6 Datteln, entkernt

3 EL Kakaopulver in Rohkostqualität

1½ TL naturreiner Vanilleextrakt

½ Vanilleschote, ausgekratztes Mark, oder zusätzlich noch ½ TL naturreiner Vanilleextrakt

100 g Chiasamen

30 g Kakaonibs (Kakaobohnenbruch) in Rohkostqualität

etwas Ahornsirup (nach Belieben)

Kokosmilch, Datteln, Kakaopulver, Vanilleextrakt und Vanillemark in einen Hochgeschwindigkeitsmixer geben und pürieren, bis alles schön sämig ist. In ein Gefäß mit fest verschließbarem Deckel geben (Einmachglas oder großes Marmeladenglas mit Schraubverschluss), Chiasamen dazugeben und gut schütteln, damit sich alles vermischt. Alternativ können Sie die Flüssigkeit auch in eine Schüssel gießen und die Chiasamen unterrühren. Den Pudding 30 Minuten stehen lassen und dabei alle 5 bis 10 Minuten durchrühren oder schütteln, bis er schön dick ist.

Den Pudding in Servierschälchen füllen, mit Kakaonibs bestreuen und etwas Ahornsirup darüberträufeln und servieren.

Ergibt: 3 bis 4 Portionen

Superbeeren-Haferflocken-Müsli

Süß, knusprig und lecker: Dieses Superbeeren-Müsli ist ein absolutes Kraft-paket an Antioxidantien. Frische und getrocknete Beeren, rohe Kakaonibs, Walnüsse (die fast am meisten Antioxidantien von allen Nüssen enthalten) und Chiasamen ergeben ein köstliches Frühstück, das kinderleicht zuzubereiten ist.

240 ml Kokosmilch

40 g Haferflocken (siehe Anmerkung)

30 g Walnüsse in Rohkostqualität, gehackt

1 EL getrocknete Cranberrys, natür-lich gesüßt

1 EL getrocknete fruchtig-herbe Kirschen, ungesüßt

1 EL Gojibeeren in Rohkostqualität

1 EL rohe Kakaonibs in Rohkost-qualität

2 TL Chiasamen

etwa 150 g frische saisonale Beeren (wie Heidelbeeren, Brombeeren oder Himbeeren)

kalt geschleuderter Honig (aus der Region, nach Belieben)

Kokosmilch, Haferflocken, Walnüsse, Cranberrys, Kirschen, Gojibeeren, Kakaonibs und Chiasamen in ein Gefäß mit fest verschließbarem Deckel geben (Einmach- oder Marmeladenglas) und schütteln oder umrühren, damit sich alles gut vermischt. Über Nacht in den Kühlschrank stellen. In eine Servierschale geben, frische Beeren darüberstreuen, mit Honig beträufeln und servieren.

Ergibt: 1 bis 2 Portionen

Anmerkung: Dieses Rezept ist gluten-frei, wenn Sie glutenfreie Haferflocken dafür verwenden. Normale Hafer-flocken können bei der Verarbeitung mit den glutenhaltigen Getreidesorten Weizen, Roggen und keine Gerste kontaminiert worden sein. Falls Sie sich glutenfrei ernähren wollen, verwenden Sie also nur Haferflocken, die auf dem Etikett ausdrücklich als „glutenfrei" gekennzeichnet sind.

Herzhafte Veggie-Burger aus schwarzen Bohnen, Naturreis und Wurzelgemüse

Dieser herzhafte Burger macht es Ihnen leicht, einen fleischlosen Tag in der Woche einzulegen. Die Rote Bete darin ist reich an Nitraten, die blutdrucksenkend wirken (Nitrate werden im Körper in Stickstoffmonoxid umgewandelt, das die Blutgefäße erweitert und den Blutfluss erleichtert). Genießen Sie diesen Burger pur oder auf einer Scheibe gekeimtem Vollkornbrot oder glutenfreiem Brot, bestrichen mit etwas Knoblauch-Chia-Hummus (Seite 40), Avocado-Chia-Creme (Seite 126) oder feuriger Chia-Guacamole (Seite 152).

1 Dose (etwa 430 g) schwarze Bohnen, gewaschen und abgegossen

200 g gekochter Naturreis

50 g Chiasamen

1 mittelgroße Zwiebel, gehackt

1 mittelgroße Rote Bete, geschält und gewürfelt

1 große Karotte, geschält und gewürfelt

3 Knoblauchzehen, zerdrückt

2 EL frische Petersilie, gehackt

1 EL Olivenöl extra vergine

Meersalz und frisch gemahlener schwarzer Pfeffer (nach Belieben)

2 große Eier (am besten Bio-Eier aus artgerechter Tierhaltung), verquirlt

2 EL glutenfreies Mehl

1 EL kalt gepresstes Rapsöl (möglichst in Bio-Qualität, zusätzlich etwas Rapsöl zum Anbraten

Schwarze Bohnen in eine große Schüssel geben und mit einer Gabel zerdrücken. Reis, Chiasamen, Zwiebel, Rote Bete, Karotte, Knoblauch, Petersilie und Olivenöl unterrühren, bis alles gut vermischt ist. Mit Meersalz und schwarzem Pfeffer abschmecken. Danach Eier und Mehl hinzufügen und gut untermischen. Mit der Hand flache Küchlein formen. Rapsöl in einer großen Pfanne erhitzen. Die Burger bei mittlerer Hitze in der Pfanne braten, bis sie braun und gut durch sind (etwa 6 bis 8 Minuten von jeder Seite). Warm servieren.

Ergibt: 6 bis 8 Veggie-Burger

Cremige Blumenkohlsuppe

Der Blumenkohl gehört zur Familie der Kreuzblütengewächse und enthält eine Fülle an krebsbekämpfenden Glucosinolaten (Senfölglykosiden). In diesem Rezept bildet er die Grundlage für eine dicke, cremige Suppe. Pinienkerne und Knoblauch runden das Ganze mit einer feinen nussigen Geschmacksnote ab, während die gemahlenen Chiasamen den nötigen Schub an Ballaststoffen liefern und als Verdickungsmittel wirken.

1 EL Olivenöl extra vergine

½ mittelgroße Zwiebel, fein gehackt

3 Knoblauchzehen, zerdrückt

1 großer Blumenkohl, in Röschen zerteilt

950 ml Gemüsebrühe

50 g Pinienkerne

1 EL gemahlene Chiasamen

Meersalz und frisch gemahlener schwarzer Pfeffer (nach Belieben)

Nährhefe oder Parmesankäse (nach Belieben) zum Bestreuen vor dem Servieren

Öl in einem großen Topf erhitzen. Zwiebel und 2 der zerdrückten Knoblauchzehen bei mittlerer Hitze zugeben und leicht anbraten, bis sie weich sind (etwa 3 Minuten). Blumenkohl und Gemüsebrühe dazugeben (die Brühe bedeckt den Blumenkohl nur knapp) und aufkochen lassen. Hitze reduzieren, zudecken und 20 bis 30 Minuten unter gelegentlichem Umrühren köcheln lassen, bis der Blumenkohl weich und zart ist. Vom Herd nehmen, die Pinienkerne, gemahlenen Chiasamen und die übrige Knoblauchzehe zugeben. Die Suppe pürieren, bis sie schön sämig ist. (Wenn Sie keinen Pürierstab haben, lassen Sie die Suppen abkühlen, pürieren Sie sie in kleinen Portionen in einem Mixer bei hoher Geschwindigkeit und füllen sie wieder in den Suppentopf.) Mit Meersalz und schwarzem Pfeffer abschmecken. Mit dem Schöpflöffel in Servierschalen füllen und mit Nährhefe oder geriebenem Parmesankäse bestreuen. Warm servieren!

Ergibt: 4 bis 6 Portionen

Gerösteter Rosenkohl mit Weintrauben

Gemüse im Ofen zu backen ist unglaublich einfach. Vermischen Sie Ihr Lieblingsgemüse mit etwas Olivenöl extra vergine, würzen Sie es mit Salz und Pfeffer und schieben Sie es in den Backofen. Das ist schon alles – kinderleicht! In diesem Rezept kombiniere ich Rosenkohl mit roten Weintrauben. Rosenkohl ist eine der reichhaltigsten Quellen für krebshemmende Glucosinolate (besser als Blumenkohl, Grünkohl und Brokkoli), und die roten Weintrauben sind voll gepackt mit Antioxidantien – ihre Polyphenole können Ihre Herzgesundheit unterstützen. Fügen Sie noch eine Extra-Portion Ballaststoffe, gesunde Fette und Eiweiß hinzu, indem Sie ein paar gehäufte Esslöffel Chiasamen unter das Ganze mischen.

1 kg Rosenkohl

3 EL Olivenöl extra vergine

Meersalz und frisch gemahlener schwarzer Pfeffer (nach Belieben)

700 g rote Weintrauben

2 EL Chiasamen

Backofen auf 200 °C (oder Gas Stufe 6) vorheizen. Den harten Strunk vom Rosenkohl abschneiden, welke oder braune Außenblätter entfernen und halbieren. In einen großen Topf geben, mit Olivenöl beträufeln, mit Meersalz und schwarzem Pfeffer würzen und gut vermengen. Dann den Rosenkohl in einen großen Bräter umfüllen und 20 bis 25 Minuten unter gelegentlichem Wenden im Backofen garen lassen. Weintrauben zugeben und weitere 20 bis 25 Minuten backen, bis die Röschen schön braun sind. Dabei hin und wieder wenden. Aus dem Ofen nehmen und mit Chiasamen vermischen. Warm servieren.

Ergibt: 6 bis 8 Portionen

Pastinaken-Salat-Tomaten-Sandwich mit Avocado-Chia-Creme

Pastinaken gehören wie ihre Verwandten, die Karotten, zu den Wurzelgemüsen und haben einen recht süßlichen Geschmack. Vor ein paar Jahren habe ich in einem Food & Wine-Magazin von dem neuen Trend „Pastinaken-Speck" gelesen. Ich habe mich in die salzige Knusprigkeit dieses pflanzlichen „Specks" verliebt und benutze ihn seither als Sandwichbelag (manchmal verschlinge ich diese knusprigen Steifen auch ohne alles!).

1 Pastinake

1 EL Olivenöl extra vergine

Meersalz (nach Geschmack)

1 Avocado, halbiert, entkernt und geschält

½ TL frisch gepresster Limettensaft

1 TL Chiasamen

4 Scheiben gekeimtes Vollkornbrot oder glutenfreies Brot

4 Blätter vom Romanasalat

1 mittelgroße Tomate, von den harten Teilen befreit und in Scheiben geschnitten

Backofen auf 150 °C (oder Gas Stufe 2) vorheizen. Die Pastinake der Länge nach mit dem Gemüseschäler in breite, flache Streifen schneiden. Die Streifen auf ein mit Backpapier belegtes Blech geben. Auf beiden Seiten mit Olivenöl bepinseln und mit Meersalz würzen. Mit einem weiteren Backpapier abdecken und mit einem zweiten Blech beschweren, sodass die Pastinakenstreifen zwischen den Blechen zusammengedrückt werden. Etwa 40 Minuten im Ofen backen, bis die Streifen schön goldbraun und knusprig sind.

In einer kleinen Schüssel die Avocadohälften zerdrücken und mit Limettensaft, Chiasamen und einer Prise Meersalz vermischen. Etwa 1 Esslöffel (oder mehr) von der Avocadocreme auf jeder Scheibe Brot verstreichen. Darauf ein Salatblatt legen, ein oder zwei Scheiben Tomaten und ein paar von den knusprigen Streifen „Pastinaken-Speck" obendrauf geben und servieren.

Ergibt: etwa 4 Portionen

Knoblauch-Koriander-Chia-Salsa

Diese stückige Salsa ist erfüllt von dem himmlischen Aroma grüner Korian-
derblätter und frischem rohem Knoblauch. Knoblauch ist reich an schwefelhaltigen Verbindungen, die Ihre Gesundheit fördern, und er kann Ihren
Blutdruck und Ihre Cholesterinwerte (Gesamtcholesterin und „schlechtes"
LDL-Cholesterin) senken. Wissenschaftlichen Erkenntnissen zufolge kann
schon eine Knoblauchzehe täglich den Blutdruck um bis zu 7 bis 8 Prozent
senken.

360 g gehackte Tomaten

**3-4 EL frischer grüner Koriander,
klein geschnitten**

40 g rote Zwiebel, fein gehackt

2 oder 3 Knoblauchzehen, zerdrückt

2 EL Chiasamen

1 EL Olivenöl extra vergine

1 EL frisch gepresster Limettensaft

Meersalz (nach Belieben)

Alle Zutaten in einer großen Schüssel
vermischen. ½ Stunde stehen lassen,
bis die Masse eingedickt ist und dann
servieren. Oder bis zum Servieren in
den Kühlschrank stellen.

Ergibt: etwa 300 Gramm

Würzige Ahornsirup-Cranberry-Chia-Pekannüsse

Dieser süße und würzige Knabbergenuss schmeckt im Herbst und in den Wintermonaten besonders köstlich. Pekannüsse enthalten viele Fette, die der Herzgesundheit dienen, sowie eine vielfältige Palette an Vitaminen und Mineralstoffen. Wie Walnüsse gehören sie zu den Nüssen mit dem höchsten Gehalt an Antioxidantien überhaupt. Gönnen Sie sich eine Handvoll, wann immer Sie Lust auf etwas Knuspriges und Süßes haben.

120 ml Ahornsirup

½ TL gemahlener Zimt

1 Prise gemahlene Muskatnuss

1 Prise gemahlene Gewürznelke

1 Prise Meersalz

200 g Pekannüsse in Rohkostqualität, in Hälften

60 g getrocknete Cranberrys, natürlich gesüßt, gehackt

50 g Chiasamen

Backofen auf 170 °C (oder Gas Stufe 3) vorheizen. In einer großen Schüssel den Ahornsirup mit Zimt, Muskatnuss, Nelken und Salz verrühren. Pekannüsse, Cranberrys und Chiasamen unterheben, bis die Nüsse gut umhüllt sind. Die Mischung auf ein großes Backblech geben und eine Viertelstunde unter gelegentlichem Wenden im Ofen backen. Herausnehmen, auf einem Fettpapier verteilen und gut auskühlen lassen. In einem luftdicht verschlossenen Behälter oder in einem Beutel am besten im Kühl- oder Gefrierschrank aufbewahren.

Ergibt: etwa 250 Gramm

Heidelbeer-Chiasamen-Müsli-Riegel

In diesen leckeren Energieriegeln liefern die Heidelbeeren eine Fülle an Antioxidantien und die Supersamen (Hanf- und Chiasamen) jede Menge Eiweiß. Die Mandeln steuern zusätzlich viel Kalzium und Ballaststoffe bei. Als Süßungsmittel dient Agavendicksaft, der einen besonders niedrigen glykämischen Index hat und den Riegeln die feine Süße verleiht. Heidelbeeren unterstützen nicht nur die Gesundheit Ihres Herzens, sondern können schon bei 300 Gramm pro Woche das Diabetes-Risiko um bis zu 25 Prozent senken.

300 g frische Heidelbeeren

150 g Mandeln in Rohkostqualität, gehackt

160 g Agavendicksaft in Rohkostqualität

50 g Chiasamen

30 g Hanfsamen

40g Sonnenblumenkerne in Rohkostqualität

1 TL Zitronenschale (von einer Bio-Zitrone!)

½ TL naturreiner Vanilleextrakt

1 Prise Meersalz

Alle Zutaten in eine Küchenmaschine geben und in 6 bis 8 kurzen Mix-Intervallen zu einer feuchten, sämigen Masse verarbeiten. Nicht zu stark pürieren, es sollen noch knackige Stückchen übrig bleiben. Einen Gitterboden Ihres Dörrautomaten mit Dörrfolie auslegen und die Masse gleichmäßig darauf verteilen, sodass ungefähr ein Quadrat von 25 Zentimeter Seitenlänge und 1 Zentimeter Dicke entsteht. Im Dörrautomat bei 40 °C etwa 24 Stunden lang trocknen lassen, bis die Masse trocken, aber immer noch weich ist.

Den Boden aus dem Dörrautomaten ziehen und die Masse vorsichtig auf ein Schneidebrett geben. Die Dörrfolie langsam abziehen und die Müslimasse in acht Riegel (6 x 13 Zentimeter) schneiden. Die einzelnen Riegel direkt auf den Gitterboden geben und nochmals 8 bis 10 Stunden bei 40 °C trocknen lassen. Die Müsli-Riegel müssen nun fest und trocken sein und eine leicht zähe Konsistenz haben. In einem luftdicht verschlossenen Behälter aufbewahren.

Ergibt: etwa 8 Riegel

Getrocknete Apfel-Zimt-Kekse

Diese Kekse lassen sich kinderleicht ohne Mehl herstellen und sind bei uns zu Hause eine der Lieblingsnaschereien. Und gleichzeitig sind sie ein gesunder Mix aus präbiotikareichen Äpfeln (deren Schale mehr als ein Dutzend verschiedene Stoffe enthält, die vor Krebs schützen), Walnüssen und Chiasamen, ballaststoffreichen Rosinen und Blutzucker ausgleichendem Zimt. Es wird angenommen, dass von allen Gewürzen Zimt die positivste Auswirkung auf den Blutzucker hat. Bereits ½ TL Zimt pro Tag scheint auszureichen, um für ausgewogene Blutzuckerspiegel zu sorgen.

5 mittelgroße Äpfel, entkernt und gehackt

1 TL frisch gepresster Zitronensaft

150 g Walnüsse in Rohkostqualität, gehackt

220 g Rosinen in Bio-Qualität

160 g Agavendicksaft in Rohkostqualität

3 EL Chiasamen

2 EL gemahlener Zimt

In einer großen Schüssel die Apfelstücke mit dem Zitronensaft vermischen. Walnüsse, Rosinen, Agavendicksaft, Chiasamen und Zimt dazugeben und alles gut vermischen. Jeweils etwa 2 Esslöffel der Masse abstechen und zu kleinen Bällchen formen. Auf einen Gitterboden geben und mit der Hand sanft flach drücken. Bei 40 °C etwa 12 Stunden trocknen lassen. Die Kekse müssen noch weich und ein bisschen zäh sein. In einem luftdicht verschlossenen Behälter aufbewahren.

Ergibt: etwa 30 Kekse

Zitronen-Kokos-Schoko-Chia-Rinde

Diese Süßigkeit ist ganz einfach herzustellen und verwöhnt jedes Schlecker-mäulchen. Sie besteht aus Zartbitterschokolade, knackigen Chiasamen, getrockneter Kokosnuss und Limonenschale. Ich bevorzuge dunkle Schoko-lade, weil sie einen höheren Anteil an herzstärkendem Kakao hat als andere Sorten. Aber Sie können natürlich auch Ihre Lieblingsschokolade, milchfreie Schokolade oder Carobschokolade dafür verwenden.

250 g dunkle Schoko-Tropfen

5 g getrocknete Kokosraspel in Bio-Qualität

50 g Chiasamen

1 EL Zitronenschale (von einer Bio-Zitrone)

1 Prise Meersalz

Die Schokolade in einem kleinen Topf bei mittlerer Hitze schmelzen und dabei immer wieder umrühren, bis sie weich und cremig ist. Vom Herd nehmen und die Kokosraspel, Chiasamen und Zitronenschale unterrühren.

Dann die Masse gleichmäßig auf einem mit Fettpapier belegten Backblech verteilen. Im Gefrierfach oder -schrank eine halbe Stunde aushärten lassen. Herausnehmen und in mundgerechte Stücke brechen. In einem luftdicht verschlossenen Behälter aufbewahren.

Ergibt: etwa 24 Stücke

KAPITEL 5

Strahlend schön: Chiasamen für Ihre Haut

Als Teenager litt ich unter sehr heftiger Akne und ging deshalb zum Hautarzt. Nach mehreren Behandlungen mit verschiedenen Antibiotika und einer Unzahl unterschiedlicher, die Haut austrocknender Salben und schwefelhaltiger (stinkender!) Abdeckcremes erkundigte sich meine Mutter, ob man mein Hautbild vielleicht durch eine veränderte Ernährung verbessern könnte. Seine Antwort lautete damals, dass Ernährung absolut nichts der Haut zu tun habe – außer ich würde mir nach dem Essen (von beispielsweise Chips oder Pizza) mit fettigen Fingern ins Gesicht fassen! Das war alles. Lange Zeit nahm ich starke Medikamente gegen Akne. Später erfuhr ich, dass damit schwere Nebenwirkungen einhergehen. Erst Jahre später entdeckte ich, dass Ernährung sehr wohl die Gesundheit der Haut beeinflusst.

Glücklicherweise haben sich die Zeiten geändert. Die Ärzte wissen heutzutage, dass sich auf der Haut widerspiegelt, was in Ihrem Körper passiert. Denn: Du bist, was Du isst. Was Sie außen auf Ihre Haut auftragen, wirkt sich zusammen mit dem, was Sie in Ihren Körper aufnehmen, deutlich auf die Gesundheit Ihrer Haut aus. In diesem Kapitel erforschen wir einige der gesundheitsfördernden Nährstoffe

in Chiasamen – vor allem die essenziellen Fettsäuren – , die sich positiv auf Ihre Haut auswirken können. Sie lernen die äußere Anwendung von Chiasamen kennen, einige lustige und wirksame Gesichtsmasken, die ich mir bei meinen Schönheits-experten für pflanzliche Hautpflegemittel abschauen durfte. In den Rezepten dieses Kapitels zeige ich Ihnen, wie Sie die Kraft der Chiasamen mit meinen Lieblings-Schönheitsnahrungsmitteln (wie Salatgurken, Kokosöl, Ananas, grünem Gemüse und Beeren) verstärken können, um von innen und auch außen zu strahlen!

Fett- und mineralienreiche Chiasamen für eine gesunde Haut

Chiasamen sind eine exzellente Quelle für die hautschützende, pflanzliche Omega-3-Fettsäure namens Alphalinolensäure (ALA). Forschungsergebnisse haben gezeigt, dass Omega-3-Fettsäuren wie ALA Entzündungen der Haut (und anderer Körperteile) entgegenwirken, Sonnenbrand verhindern, die Wundheilung und Erhaltung der äußersten Hautschicht fördern können. Außerdem begünstigen sie die Zerstörung bestimmter Krebszellen, einschließlich Hautkrebs (Melanom und andere Hautkrebsarten). Berichten zufolge haben bereits die Azteken das Öl von Chiasamen auf der Haut benutzt. In wissenschaftlichen Studien wurde mittlerweile herausgefunden, dass die Fette in Nahrungsmitteln, die viel Omega-3-Fettsäure enthalten, einen Schutz gegen eine Reihe von Hauterkrankungen – von Akne und extrem trockener Haut bis hin zu Ekzemen und Psoriasis – bieten und deren Symptome lindern. In einer kleinen, im Jahre 2010 veröffentlichten Studie konnten signifikante Verbesserungen der Hautgesundheit bei 10 Patienten mit Symptomen von Juckreiz und Xerose (außergewöhnlich trockene, juckende Haut) nach einer 8-wöchigen äußeren Anwendung von 4-prozentigem Chiasamen-Öl beobachtet werden. Darüber hinaus hilft das Fett in Chiasamen dem Körper, wichtige fettlös-liche Vitamine, wie Vitamin A und E, aufzunehmen, die beide stark antioxidativ wirken und damit die Zellen (einschließlich der Hautzellen) gegen Schädigungen durch freie Radikale schützen. Damit helfen sie auch Ausschlägen und Trockenheit vorzubeugen. Und Chiasamen sind vor allem auch eine gute Quelle für hautschützende Mineralstoffe wie Zink. Laut wissenschaftlicher Erkenntnisse hat sich Zink als wirksam für die Behandlung bestimmter Hauterkrankungen (z. B. Akne und Schuppen) erwiesen. Chiasamen enthalten mehr als 1 Milligramm Zink pro knapp 30 Gramm. Das sind etwa 10 Prozent des Tagesbedarfs eines Erwachsenen. Andere gute Zink-Quellen sind Kürbiskerne und Paranüsse, die ich in einige der Rezepte in diesem Kapitel mit eingebaut habe.

Praktische Tipps

Sie wollen eine zarte, geschmeidige und strahlende Haut? Dann setzen Sie einen oder mehrere der folgenden Praxistipps in die Tat um. Und probieren Sie einige der Rezepte in diesem Kapitel aus – auch einige der Gesichtsmasken-Rezepte!

- Versuchen Sie, jeden Tag 2 bis 3 Teelöffel Chiasamen in Ihren täglichen Speiseplan einzubauen. Dadurch versorgen Sie Ihren Köper mit der so wichtigen Omega-3-Fettsäure Alpha-Linolensäure (ALA), die entzündungshemmend wirkt und Ihre Haut beruhigt. Sie können die Chiasamen einfach in frische gepresste Säfte und Smoothies geben oder über Salate streuen. Oder Sie probieren einige der Schönheitsrezepte in diesem Kapitel aus, wie z. B. den Karotten-Ananas-Smoothie (Seite 142) oder den cremigen Kürbis-Chia-Pudding (Seite 149).
- Trinken Sie mehr Wasser! Vermeiden Sie ausgetrocknete Haut, indem Sie Ihre Wasseraufnahme deutlich erhöhen. Nehmen Sie sich vor, täglich mindestens 1 bis 2 Liter reines Wasser zu trinken.

- Essen Sie mehr Ballaststoffe! Eine Steigerung der Ballaststoffaufnahme kann einem trägen Verdauungstrakt auf die Sprünge helfen – und damit auch Ihre Haut verbessern. Bereits mit 2 bis 3 Teelöffeln Chiasamen pro Tag (oder auch bis zu 2 bis 3 Esslöffeln) erhöhen Sie ganz einfach Ihre Ballaststoffaufnahme auf die empfohlene Tagesdosis 25 bis 35 Gramm.
- Nehmen Sie weniger Zucker und Milchprodukte zu sich. Wissenschaftler vermuten einen Zusammenhang zwischen Akne und dem Verzehr von Zucker und Milchprodukten. Diese Nahrungsmittel scheinen Entzündungen zu fördern, die den Alterungsprozess beschleunigen und Akne verursachen.
- Gönnen Sie sich genügend Schlaf, denn auch das ist für einen strahlenden Teint ausschlaggebend. Jeder hat natürlich andere Bedürfnisse, aber die meisten Menschen brauchen 7 bis 9 Stunden Schlaf pro Nacht. Probieren Sie auch sanftes Stretching oder Yoga, ein warmes Bad oder ätherische Öle wie Lavendel, um ruhiger zu werden, sich zu entspannen und sich auf einen erholsamen Schlaf vorzubereiten.
- Wählen Sie für Ihre Schönheitspflege Bio-Produkte. Es gibt einige wunderbare Hautpflegeprodukte, zu deren Herstellung nur garantiert biologisch angebaute Inhaltsstoffe verwendet werden – und keine der häufig verwendeten toxischen Bestandteile. Einige meiner Lieblingsmarken sind Dr. Alkaitis (*www.alkaitis.org/de*) und Dr. Hauschka (*www.dr.hauschka.com*). Diese und ähnliche Hautpflege- und Kosmetikserien können Sie bei Online-Händlern wie Saffron Rouge (*www.saffronrouge.com*) oder Spirit Beauty Lounge (*www.spiritbeautylounge.com*) bestellen oder in Ihrem Bio-Supermarkt oder Reformhaus kaufen. Am besten probieren Sie natürlich die Gesichtsreinigung und -masken auf Chiasamen-Basis aus, die ich Ihnen am Ende dieses Kapitels (mit freundlicher Genehmigung meiner drei besten Schönheitsexpertinnen) vorstelle. Versuchen Sie es einmal mit der sanften Chia-Gesichtsreinigung (Seite 159), der verjüngenden Chia-Gesichtsmaske (Seite 160) oder der hautberuhigenden Chia-Schönheitsmaske (Seite 161) – die so gut ist, dass man sie nicht nur auf die Haut auftragen, sondern sogar essen kann!

Chiasamen für Ihre Schönheit

Grüne Grapefruit-Chia-Fresca

Grapefruitsaft und der Saft von Weizengras ergänzen sich geradezu perfekt, was ihren Geschmack und Nährstoffgehalt angeht. Die Grapefruit mit ihrem fruchtig-herben und leicht süßlichen Geschmack liefert jede Menge Vitamin C. Dazu passt hervorragend der grüne Weizengrassaft, der reichlich Chlorophyll enthält und basisch wirkt. Um Saft aus frischem Weizengras zu gewinnen, brauchen Sie einen speziellen Weizengras-Entsafter. Falls Sie keinen haben, können Sie frischen oder tiefgekühlten Weizengrassaft in Ihrem Bioladen vor Ort kaufen – eine einfache Art, sich mit der täglichen Dosis an schönheitsförderndem grünem Gemüse zu versorgen!

2 Grapefruits

60 ml Weizengrassaft (frisch gepresst oder aufgetauter tiefgefrorener)

1 TL frisch gepresster Limettensaft

2 TL Chiasamen

kalt geschleuderter Honig (aus der Region, Belieben)

Die Grapefruits mit einer Zitruspresse auspressen oder schälen und in den Entsafter geben (sie sollten etwa 350 Milliliter Saft ergeben). Grapefruit-saft, Weizengrassaft und Limettensaft zusammen mit Chiasamen und Honig in ein Gefäß mit fest verschließbarem Deckel geben (Einmachglas oder großes Marmeladenglas mit Schraub-verschluss) und gut schütteln, damit sich alle Zutaten vermischt. Etwa 10 Minuten stehen lassen und dabei nochmals ein- bis zweimal durchschüt-teln. Gut gekühlt servieren.

Im Kühlschrank hält sich diese Fresca in einem luftdicht verschlossenen Behälter 2 bis 3 Tage.

Ergibt: 1 bis 2 Portionen

Karotten-Ananas-Smoothie

Das Betacarotin der Karotten, die entzündungshemmenden Enzyme der Ananas und dieOmega-3-Fettsäuren der Chiasamen ergeben mit der cremigen Cashew-Paranuss-Milch einen besonders leckeren Schönheits-Drink. Für die Hautgesundheit gehören Paranüsse zu den Favoriten, denn sie enthalten jede Menge hautberuhigendes Selen, das auch die freien Radikale bekämpft. Bereits etwa 30 Gramm Paranüsse enthalten über 500 Mikrogramm Selen – fast 800 Prozent Ihres Tagesbedarfs.

450 ml Vanille-Cashew-Paranuss-Milch (Seite 144)

130 g Karotten, gehackt

180 g tiefgefrorene Ananas-Stücke

1 mittelgroße Banane, geschält

2 TL Chiasamen

Alle Zutaten in einen Hochgeschwindigkeitsmixer geben und pürieren, bis Ihr Smoothie schön cremig ist.

Ergibt: 1 bis 2 Portionen

Vanille-Cashew-Paranuss-Milch

70 g Cashewkerne in Rohkostqualität (3–4 Stunden in Wasser eingeweicht)

70 g Paranüsse in Rohkostqualität (3–4 Stunden in Wasser eingeweicht)

950 ml Wasser

4 Datteln, entkernt

1 EL Kokosöl in Rohkostqualität, flüssig (eventuell leicht erwärmen)

1 EL naturreiner Vanilleextrakt

½ Vanilleschote, ausgekratztes Mark, oder zusätzlich noch ½ TL naturreiner Vanilleextrakt

Das Wasser von eingeweichten Cashewkernen und Paranüssen abgießen.

Kerne, Nüsse und frisches Wasser in einem Hochgeschwindigkeitsmixer etwa 1 Minute pürieren. Diese Nussmilch durch ein Sieb in einen Krug gießen. Die durchgesiebte Nussmilch wieder in den gespülten Mixer geben. Die übrigen Zutaten hinzufügen und pürieren, bis eine cremige Konsistenz entsteht. In einen Glaskrug mit fest verschließbarem Deckel gießen und bis zur Verwendung im Kühlschrank aufbewahren. Vor dem Servieren gut aufschütteln.

Ergibt: etwa 1 Liter

Einfaches Salatgurken-Chia-Elixier

Salatgurken gehören zu den Lebensmitteln, die der Schönheit besonders dienlich sind. Sie sind reich an hautstraffender Kieselsäure und haben eine leicht entwässernde Wirkung, die bei einem aufgeschwemmten Gesicht oder Körper Abhilfe schaffen kann. Den kühlen, frischen Geschmack von Salatgurkensaft mag ich gern ungesüßt. Sollten Sie etwas Süße brauchen, dann fügen Sie einen kleinen Löffel Honig oder ein anderes Süßungsmittel Ihrer Wahl hinzu.

2 große Salatgurken in Bio-Qualität
1 TL frisch gepresster Limettensaft
2 TL Chiasamen
kalt geschleuderter Honig
    (aus der Region, nach Belieben)

Salatgurken in einen Entsafter geben (sie sollten etwa 350 bis 475 Milliliter Saft ergeben). Salatgurken- und Limettensaft zusammen mit Chiasamen und Honig in ein Gefäß mit fest verschließbarem Deckel geben (Einmachglas oder großes Marmeladenglas mit Schraubverschluss) und gut schütteln, damit sich die Zutaten vermischt haben. Etwa 10 Minuten stehen lassen und währenddessen nochmals ein- bis zweimal durchschütteln. Gut gekühlt servieren.

Im Kühlschrank hält sich der Drink in einem luftdicht verschlossenen Behälter 2 bis 3 Tage.

Ergibt: 1 bis 2 Portionen

Lavendel-Kamille-Ananas-Chia-Elixier

Die beruhigende Kraft von Lavendel-Kamillentee nimmt Ihnen den Stress, der ansonsten Ihr Altern beschleunigt und sogar Akne verursachen kann. Außergewöhnlich wirksam für Ihre Schönheit ist Ananas, die jede Menge des entzündungshemmenden Enzyms Bromelain beisteuert. Ich verwende zwar eine fertige Lavendel-Kamille-Teemischung, aber Sie können natürlich gern auch lose Blüten für diesen Kräutertee nehmen. Genießen Sie dieses süßliche und beruhigende Elixier zu jeder Tageszeit, wenn Sie Lust auf Entspannung haben und Stress loswerden wollen.

330 g frische Ananas, gehackt (oder 370 g aufgetaute tiefgefrorene)

360 ml Lavendel-Kamillentee in Bio-Qualität, eisgekühlt

½ Vanilleschote, ausgekratztes Mark, oder zusätzlich noch ½ TL natur-reiner Vanilleextrakt

2 TL Chiasamen

Ananasstücke in den Entsafter geben (sie sollten etwa 240 Milliliter Saft ergeben). Den Ananassaft zusammen mit dem Tee, der Vanille und den Chia-samen in ein Gefäß mit fest verschließ-barem Deckel geben (Einmachglas oder großes Marmeladenglas mit Schraub-verschluss) und gut schütteln, damit sich alles vermischt. Etwa 10 Minuten stehen lassen und dabei nochmals ein- bis zweimal durchschütteln. Gut gekühlt servieren.

Im Kühlschrank hält sich der Drink in einem luftdicht verschlossenen Behälter 2 bis 3 Tage.

Ergibt: 1 bis 2 Portionen

Grüner Smoothie mit Ingwer-Vanille-Touch

In diesem cremigen Grünen Smoothie mischen sich erfrischende Salatgurken und süße Birnen – verfeinert durch das sanfte Aroma von Vanille und von Ingwer, der zusätzlich noch Entzündungen lindert. Dazu kommt das schönheitsfördernde Kokosöl, das durch seine antimikrobiellen Eigenschaften zum idealen natürlichen Feuchtigkeitsspender wird, der auch äußerlich angewandt werden kann. Ich nehme am liebsten süße saftige Anjou-Birnen für Säfte und Smoothies, aber Sie können natürlich auch fast jede andere Birnensorte dafür verwenden. Wenn sie noch nicht reif oder süß genug sind, können Sie etwas Honig oder Agavendicksaft zum Süßen dazugeben.

360 ml Kokosmilch, ungesüßt

450 g zerstoßenes Eis

2 Birnen, entkernt und gehackt

1 mittelgroße Salatgurke in Bio-Qualität, in Scheiben geschnitten

1 Stück (etwa 5 cm) frische Ingwerwurzel, geschält und gerieben

1 EL Chiasamen

1 EL Kokosöl in Rohkostqualität, flüssig

½ TL naturreiner Vanilleextrakt

kalt geschleuderter Honig (aus der Region, nach Belieben)

Alle Zutaten in einen Hochgeschwindigkeitsmixer geben und pürieren, bis der Smoothie schön cremig ist.

Ergibt: 2 Portionen

Cremiger Kürbis-Chia-Pudding

Dieser einfache Pudding ist aus herbstlichen Geschmacksnoten komponiert: Vitamin-A-reiches Kürbispüree, das gut für Ihre Schönheit ist und Akne lindert, wird mit verschiedenen wärmenden Gewürzen vermischt, u. a. mit Zimt zur Blutzuckerregulierung und mit Ingwerwurzel, die Entzündungen hemmt. Ideal zum Frühstück oder als Zwischenmahlzeit – immer dann, wenn Sie einen Schub Antioxidantien brauchen – zur Stärkung Ihres Immunsystems oder zur Verschönerung Ihrer Haut.

- 480 ml Kokosmilch, ungesüßt
- 250 g Kürbispüree (aus fein geriebenen Hokkaidostücken)
- 6 bis 8 Datteln, entkernt
- 1 TL gemahlener Zimt
- ½ TL gemahlener Ingwer
- ¼ TL gemahlene Muskatnuss
- 1 Prise gemahlene Gewürznelken
- ½ TL naturreiner Vanilleextrakt
- 70 g Chiasamen
- 20 g Kokosraspel in Bio-Qualität

Kokosmilch, Kürbispüree, Datteln, Zimt, Ingwer, Muskatnuss, Nelken und Vanilleextrakt in einem Hochgeschwindigkeitsmixer pürieren, bis alles schön cremig ist. Das Ganze in ein Gefäß mit fest verschließbarem Deckel gießen (Einmachglas oder großes Marmeladenglas mit Schraubverschluss oder Pyrex-Vorratsbehälter), Chiasamen dazugeben und gut schütteln. Alternativ können Sie die Flüssigkeit in eine Schüssel gießen und die Chiasamen unterrühren. ½ Stunde stehen lassen und dabei alle 5 bis 10 Minuten durchschütteln oder umrühren, bis der Pudding schön sämig geworden ist. In kleine Servierschüsseln füllen, mit Kokosraspeln bestreuen und servieren.

Ergibt: 3 bis 4 Portionen

Açaibeeren-Chia-Pudding

Açaibeeren sind außergewöhnlich wirksame Beeren, die ursprünglich aus dem Amazonasgebiet stammen. In meinem Buch *Das große Buch der Superfoods* (Hans-Nietsch-Verlag, Emmendingen, 2013) habe ich sie als die „Anti-Aging-Beeren für Hirn und Haut" beschrieben. Sie enthalten jede Menge hautschützende Antioxidantien und Fette wie Ölsäure, eine ungesättigte Fettsäure, wie sie auch in Oliven und Avocados vorkommt. In gut sortierten Bioläden und Reformhäusern sind Açaibeeren als tiefgefrorenes Fruchtmark erhältlich. Aufgetaut können Sie es in diesen cremigen Pudding mischen.

240 ml Kokosmilch, ungesüßt

100 g tiefgefrorenes Açaibeerenmark, aufgetaut

50 g Chiasamen

1 mittelgroße Banane, in Scheiben geschnitten

Agavendicksaft in Rohkostqualität (nach Belieben)

Kokosmilch, Açaibeerenmark und Chiasamen in ein Gefäß mit fest verschließbarem Deckel geben (Einmachglas oder großes Marmeladenglas mit Schraubverschluss oder Pyrex-Vorratsbehälter) und gut schütteln. Alternativ können Sie die Kokosmilch und das Açaibeerenmark in eine Schüssel geben und die Chiasamen unterrühren. Das Ganze ½ Stunde stehen lassen und dabei alle 5 bis 10 Minuten durchschütteln oder umrühren, bis es schön sämig geworden ist. Den Pudding in Servierschalen füllen, mit den Bananenscheiben garnieren, Agavendicksaft darüberträufeln und servieren.

Ergibt: 2 Portionen

Feurige Chia-Guacamole

Avocados spielen die Hauptrolle in dieser würzig-cremigen Guacamole. Vor allem auf die Gesundheit Ihrer Haut wirken sich Avocados wohltuend aus. Sie sind vollgepackt mit einfach ungesättigten Fettsäuren (dieselben Fette wie in Olivenöl), die nicht nur Ihre Haut, sondern auch Ihr Herz unterstützen. Außerdem enthalten sie die hautschützenden Karotinoide. Die Chiasamen machen diesen köstlichen Dip nicht nur sämiger, sondern liefern noch zusätzlich eine Portion gesunde Fette und Ballaststoffe.

2 Avocados, halbiert, entkernt und geschält

60 ml frisch gepresster Limettensaft

3 Schalotten, fein gehackt

1 Jalapeño-Chili, ohne Kerne

3–4 EL frischer Koriander, fein gehackt

2 TL Chiasamen

Meersalz (nach Geschmack)

Das Fruchtfleisch der Avocado in eine Schüssel geben, mit einem Kartoffelstampfer oder einer Gabel zerdrücken und mit dem Limettensaft vermischen. Schalotten, Jalapeño, Koriander und Chiasamen unterrühren. Mit Meersalz abschmecken und servieren.

Wenn Sie die Guacamole im Voraus zubereiten, können Sie ihr Braunwerden verhindern, indem Sie eine Frischhaltefolie direkt auf die Oberfläche der Guacamole legen. Sollte die oberste Schicht trotzdem braun werden, tragen Sie sie einfach ab, rühren die Guacamole mit einer Gabel noch einmal schaumig auf und servieren sie sofort.

Ergibt: etwa 400 Gramm

Chia-Grünkohl-Chips mit Knoblauch

Verabschieden Sie sich von verarbeiteten Nahrungsmitteln – einschließlich Chips aus der Tüte –, die Ihren Teint stumpf und glanzlos machen können. Diese knusprigen Grünkohlchips enthalten jede Menge gesunde Vitamine, Mineralstoffe und Antioxidantien (wie Knochen aufbauendes Vitamin K und Kalzium und hautverschönerndes Betacarotin) – dazu hautberuhigende Omega-3-Fettsäuren aus den Chiasamen. Sie sind eine perfekte Knabberei für den kleinen Hunger zwischendurch, wenn Sie Lust auf etwas herzhaft Knuspriges haben. Am besten schmecken sie frisch (maximal noch 2 bis 3 Tage nach der Zubereitung, wenn sie überhaupt so lang halten). Für dieses Rezept brauchen Sie einen Dörrautomaten.

1 großer Bund Grünkohlblätter

140 g Cashewkerne in Rohkostqualität (3 bis 4 Stunden in Wasser eingeweicht)

2 EL frisch gepresster Zitronensaft

1 Knoblauchzehe, zerdrückt

¼ TL Meersalz

frisch gemahlener schwarzer Pfeffer (nach Belieben)

2 EL Chiasamen

Die harten Rippen des Grünkohls entfernen, die Blätter in 5 bis 8 Zentimeter große Stücke schneiden und in eine große Schüssel geben. Cashewkerne abgießen und abspülen. Dann die Cashewkerne mit Zitronensaft, Knoblauch, Meersalz und schwarzem Pfeffer in der Küchenmaschine zu einer dickflüssigen Paste verarbeiten. Die Cashewpaste und die Chiasamen in die Schüssel mit dem Grünkohl geben. Vorsichtig vermengen, bis die Grünkohlblätter gleichmäßig von der Masse umhüllt sind. Die Grünkohlblätter dann jeweils einschichtig auf den Gitterböden des Dörrautomaten verteilen und 2 bis 3 Stunden bei 40 bis 42 °C dörren, bis sie schön knusprig sind. In einem luftdicht verschlossenen Behälter aufbewahren. Nicht in Plastiktüten lagern, da sie darin weich werden und zerfallen.

Ergibt: etwa 420 Gramm

Zimtig würzige Süßkartoffel-Chips

Diese Chips sind eine süße und würzig-knusprige Knabberei. Süßkartoffeln enthalten reichlich Karotinoide (wie Betacarotin), die krebshemmend, immunstärkend und hautberuhigend wirken. In Ihrem Körper werden sie in Vitamin A umgewandelt. Bereits eine mittelgroße Süßkartoffel deckt über 400 Prozent Ihres Tagesbedarfs an Vitamin A ab. Wärmende Gewürze wie Zimt und Ingwer steigern das Geschmackserlebnis und wirken entzündungshemmend. Genau das Richtige, wann immer Sie Lust auf einen süßen, knusprigen Snack haben!

3 mittelgroße Süßkartoffeln (oder etwa 450 g)
3 EL Olivenöl extra vergine
2 EL Chiasamen
1 TL gemahlener Zimt
½ TL gemahlener Ingwer
¼ TL gemahlene Muskatnuss
1 Prise gemahlene Gewürznelken
ein paar Prisen Meersalz

Backofen auf 150 °C (oder Gas Stufe 2) vorheizen. Kartoffeln schälen und in hauchdünne Scheiben schneiden (ich verwende dazu einen Gemüsehobel). In einer großen Schüssel die Kartoffelscheiben mit Olivenöl und Chiasamen mischen. In einer kleineren Schüssel die Gewürzmischung aus Zimt, Ingwer, Muskatnuss und Nelken herstellen. Die Kartoffelscheiben in einer Schicht auf 2 bis 3 Backblechen mit hohem Rand verteilen. Die Gewürzmischung gleichmäßig über die Chips streuen und zuletzt salzen. Anschließend 20 bis 25 Minuten backen, nach der Hälfte der Zeit die Chips wenden und weiterbacken, bis sie schön knusprig sind.

Ergibt: etwa 150 Gramm

Granatapfel-Limetten-Chia-Fruchtleder

Mit diesen knusperweichen Streifen können Sie sich eine Riesenportion an Ballaststoffen und hautberuhigenden Omega-3-Fettsäuren aus Chiasamen einverleiben, dazu jede Menge Antioxidantien aus Granatapfel- und Limettensaft. Gönnen Sie sich diese Nascherei als Zwischenmahlzeit vor, während oder nach Ihrem Work-out. Ein praktischer Snack zum Mitnehmen!

240 ml naturreiner Granatapfelsaft
2 TL frisch gepresster Limettensaft
50 g Chiasamen

Alle Zutaten in ein Gefäß mit fest verschließbarem Deckel geben (Einmachglas oder großes Marmeladenglas mit Schraubverschluss oder Pyrex-Vorratsbehälter) und gut schütteln, damit sich alles vermischt. ½ Stunde stehen lassen und dabei alle 5 bis 10 Minuten kurz durchrühren oder schütteln, bis ein dickflüssiges Gel entstanden ist. Einen Gitterboden Ihres Dörrautomaten mit Dörrfolie auslegen und die Masse in Form eines Rechtecks dünn darauf verstreichen, bis etwas mehr als Dreiviertel der Fläche bedeckt ist. Trocknen Sie das Ganze bei 40 °C etwa 3½ Stunden lang.

Dann den Boden aus dem Dörrautomaten ziehen, das Fruchtleder vorsichtig wenden und mit der Oberseite direkt auf das Gitter stürzen. Dörrfolie vorsichtig abziehen. Das Gitter noch einmal in den Dörrautomaten schieben und eine weitere ½ Stunde bei 40 °C trocknen lassen. Das Fruchtleder ist fertig, wenn es sich zwar trocken, aber immer noch elastisch anfühlt und die Konsistenz von Kaubonbons hat.

Zuletzt das Fruchtleder auf ein Schneidebrett geben und in 20 Streifen (2,5 x 15 Zentimeter) schneiden. In einem luftdicht verschlossenen Behälter aufbewahren.

Ergibt: etwa 20 Fruchtleder-Streifen

Zitronige Chia-Dattel-Bällchen

Zuviel Zucker kann Akne verschlimmern oder sogar zu Akneschüben führen. Trotzdem brauchen Sie nicht völlig auf Süßes zu verzichten. Diese zitronigen Köstlichkeiten beruhen auf einer Grundlage von eiweißreichen, herz- und hautfreundlichen Fetten aus Mandeln, Cashewkernen und Chiasamen, in die sich die natürliche Süße von ballaststoffreichen Datteln einfügt – ganz ohne Industriezucker. Gönnen Sie sich diese leckeren zitronig-nussigen Energiebällchen, wann immer Sie Lust auf etwas Süßes haben!

270 g Datteln, entkernt

150 g Mandeln in Rohkostqualität

70 g Cashewkerne in Rohkostqualität

2 EL Chiasamen

1 EL frisch gepresster Zitronensaft

1 TL Zitronenschale (von einer Bio-Zitrone!)

3 EL feine Kokosraspel in Bio-Qualität

Datteln, Mandeln, Cashewkerne, Chiasamen, Zitronensaft und Zitronenschale in die Küchenmaschine geben und in kurzen Mix-Intervallen zu einer groben, leicht klebrigen Masse verarbeiten. Wenn Sie sie mit den Fingerspitzen zusammendrücken, sollte sie gut zusammenkleben bleiben. Fühlt sie sich zu trocken an, noch 1 bis 2 Datteln dazugeben. Sollte das Ganze zu klebrig sein, noch ein paar Mandeln oder Cashewkerne hinzufügen. Aus der Masse etwa esslöffelgroße Bällchen formen und in den Kokosraspeln wälzen. In einem luftdicht verschlossenen Behälter aufbewahren.

Ergibt: etwa 20 Bällchen

Grüntee-Gojibeeren-Müsli-Riegel

Die antioxidative Kraft von grünem Tee und Gojibeeren wirkt sich besonders positiv auf die Haut aus. Wissenschaftlichen Erkenntnissen zufolge erhöhen Gojibeeren die antioxidative Aktivität in der Haut und verringern so die schädliche Wirkung von übermäßiger Sonneneinwirkung.

50 g getrocknete Gojibeeren in Rohkostqualität

90 g Kokosraspel in Bio-Qualität

320 g kalt geschleuderter Honig (aus der Region)

70 g Mandeln in Rohkostqualität, gehackt

30 g Kürbiskerne in Rohkostqualität

50 g Chiasamen

1 EL Bio-Matcha-Grünteepulver

1 EL frisch gepresster Orangensaft

1 TL Orangenschale (von einer Bio-Orange!)

1 Prise Meersalz

Getrocknete Gojibeeren etwa 5 Minuten in warmem Wasser einweichen (bis sie wieder etwas praller sind) und dann sorgfältig abgießen. Alle Zutaten in eine große Schüssel geben und vermischen. Einen Gitterboden Ihres Dörrautomaten mit Dörrfolie auslegen und dann die Masse darauf verteilen, sodass ungefähr ein Quadrat von 25 Zentimetern Seitenlänge und 1 Zentimeter Dicke entsteht. Das Ganze etwa 24 Stunden lang bei 40 °C trocknen, bis die Masse zwar trocken, aber immer noch weich ist.

Den Boden aus dem Dörrautomaten nehmen und die Masse zusammen mit der Dörrfolie vorsichtig heruntergleiten lassen. Mit der Oberseite direkt auf den Gitterboden geben, die Dörrfolie vorsichtig abziehen und nochmals 5 bis 6 Stunden bei 40 °C trocknen lassen. Aus dem Dörrautomaten nehmen und das Quadrat auf ein trockenes Schneidebrett legen. Die Masse in acht Riegel (6 x 13 Zentimeter) schneiden. Die einzelnen Riegel wieder auf den Gitterboden geben und nochmals 24 Stunden bei 40 °C trocknen lassen. Am Ende müssen die Müsli-Riegel beim Kauen eine etwas zähe Konsistenz haben.

Ergibt: etwa 8 Riegel

Sanfte Chia-Gesichtsreinigung

Diese Gesichtsreinigung ist eine Kreation von Amy Jane Stewart, einer qualifizierten ganzheitlichen Aromatherapeutin und staatlich geprüften Massagetherapeutin (*www.organicajane.com*). Laut Amy hat der Honig eine hervorragende reinigende Wirkung, fördert die Hauterneuerung und trägt abgestorbene Hautschüppchen ab. Das Kokosöl wirkt hingegen feuchtigkeitsspendend, antimykotisch und hellt Pigmentflecken auf. Sie können diese Reinigung 1- oder 2-mal pro Woche anwenden, aber sie ist sogar sanft genug für eine tägliche Anwendung.

1 EL Kokosöl in Rohkostqualität, flüssig (eventuell leicht erwärmen)

1 EL kalt geschleuderter Honig (aus der Region)

1 EL Chiasamen

Alle Zutaten in ein kleines Glas geben und mit einer Gabel gut vermischen.

Unter Auslassung der Augenpartie auf Gesicht und Hals auftragen und gut einmassieren. Mit kühlem Wasser abspülen und Haut trocken tupfen.

Ergibt: 2 bis 3 Anwendungen

Anmerkung: Sie können noch 5 bis 6 Tropfen eines naturreinen ätherischen Öls hinzufügen, wie z. B. Öl von Karottensamen, Weihrauch, Lavendel, Patschuli, Rose, Rosenholz oder Sandelholz, die alle exzellente hautfreundliche Eigenschaften haben. Damit verleihen Sie dem Ganzen nicht nur einen feinen Duft, sondern machen es auch auf natürliche Weise haltbar.

Verjüngende Chia-Gesichtsmaske

Diese Gesichtsmaske ist eine Erfindung von Tricia Marsh, die als staatlich geprüfte Kosmetikerin und Gesundheits-Coach im Staat New York arbeitet (*www.triciamarsh.com*). Sie ist für alle Hauttypen geeignet und versorgt die Haut besonders reichhaltig mit Enzymen und essenziellen Fettsäuren. Das Olivenöl beruhigt die Haut und spendet ihr bis in tiefe Schichten Feuchtigkeit, während die Bromelain-haltige Ananas die abgestorbenen Hautschüppchen und Verunreinigungen entfernt. Zimt wirkt desinfizierend und revitalisierend auf die Haut und das Vitamin C der Zitrone verleiht ihr neue Spannkraft. Probieren Sie die Maske vor der Anwendung am besten zuerst an einer kleinen Stelle unter dem Kinn aus.

4 große Ananasstücke von einer frischen Ananas oder 85 g Ananasstücke aus der Dose (in Bio-Qualität, BPA-frei)
3 EL Olivenöl extra vergine
3 EL gemahlene Chiasamen
Saft von ½ Zitrone
¼ TL gemahlener Zimt

Alle Zutaten in einem Mixer pürieren, bis die Konsistenz fast cremig ist. Diese Mischung – unter Auslassung der Augenpartie – dünn auf dem ganzen Gesicht verteilen und eine Viertelstunde einwirken lassen. Mit warmem Wasser abspülen und das Gesicht sanft trocken tupfen. Die Mischung lässt sich in einem gut verschließbaren Marmeladenglas im Kühlschrank bis zu 1 Monat aufbewahren. Vor dem Anwenden auf Zimmertemperatur erwärmen und darauf achten, dass Ihre Hände oder der Spatel, den Sie zum Aufbringen benutzen, sauber sind, um Verunreinigungen zu vermeiden.

Ergibt: etwa 250 Milliliter

Anmerkung: Im Winter können Sie das Olivenöl durch kalt geschleuderten Honig ersetzen (Tricia benutzt am liebsten Manuka-Honig), der noch mehr Feuchtigkeit spendet. Sie können diese Maske auch auf anderen trockenen Hautstellen verwenden.

Beruhigende Chia-Schönheitsmaske

Diese Schönheitsmaske stammt von Rebecca Casciano, die als Schönheits- und Wellness-Coach sowie als Make-up-Künstlerin in New York City arbeitet (*www.rebeccacasciano.com*). Die Chiasamen wirken mit ihren Omega-3-Fettsäuren, den sekundären Pflanzenstoffen und Antioxidantien beruhigend und entzündungshemmend auf die Haut, versorgen sie mit Feuchtigkeit und schützen sie vor freien Radikalen. Der kalt geschleuderte Honig hilft mit seiner antibakteriellen Wirkung bei Akne, Rosazea und Ekzemen, während das entzündungshemmende Aloe-vera-Gel Rötungen lindert, kleine Hautverletzungen heilt und dunkle Pigmentflecken aufhellt.

1 EL Chiasamen

120 ml warmes Wasser

1 EL kalt geschleuderter Honig (aus der Region) oder 1 bis 3 TL Aloe-vera-Gel (nach Belieben)

Chiasamen, warmes Wasser und Honig oder Aloe-vera-Gel gut miteinander verrühren. 10 bis 15 Minuten stehen lassen, bis die Mischung schön dickflüssig ist. Sobald sie ein gelartige Konsistenz hat, 1 bis 2 Esslöffel davon auf dem Gesicht verteilen (die Augenpartie auslassen) und 10 Minuten einwirken lassen. Mit warmem Wasser abspülen und das Gesicht sanft trocken tupfen. In einem gut verschließbaren Marmeladenglas im Kühlschrank aufbewahren.

Ergibt: etwas 150 Milliliter

KAPITEL 6

Tipps und Tricks: Wie Sie Chiasamen in der Küche verwenden

Wenn Sie die ersten fünf Kapitel dieses Buchs gelesen haben, wissen Sie schon, wie Sie durch den Zusatz von Chiasamen zu Ihrer Ernährung viele Ihrer Gesundheitsziele ganz leicht erreichen können: von der Verbesserung Ihrer Verdauung bis zur Unterstützung Ihrer täglichen Work-outs, von einer besseren Gewichts- und Blutzuckerkontrolle bis hin zu einer schöneren Haut. Vielleicht haben Sie auch schon einige (oder viele) Rezepte der vorigen Kapitel ausprobiert und fühlen sich motivierter denn je, mit diesen Supersamen in Ihrer Küche zu experimentieren und eigene Rezepte auszuprobieren. In diesem Kapitel möchte ich Ihnen noch genauere praktische Anleitungen zum Kauf, zur Lagerung und zur Zubereitung von Chiasamen geben. Dank meiner Grundrezepte werden Sie – Schritt für Schritt – lernen, wie Sie endlos viele Kombinationen von Gerichten auf Chiasamen-Basis herstellen können, von Chia-Frescas und Chia-Puddings bis hin zu Snacks und Gebäck. Binden Sie sich also eine Schürze um und los geht's!

Auswahl von Chiasamen: Was Sie am besten wo kaufen

Chiasamen werden derzeit immer beliebter. Sie sind inzwischen in den meisten Bio-Supermärkten und Reformhäusern erhältlich, meist abgepackt in der Trockenobst- und Nussabteilung. Sie können Chiasamen aber auch im Internet von Online-Händlern kaufen (mehr hierzu erfahren Sie unter Bezugsquellen auf Seite 181 f.).

Chiasamen werden in zwei Formen verkauft, entweder als ganze Samen oder gemahlen. Ganze Chiasamen können schwarz oder weiß sein. Aus ernährungsphysiologischer und funktioneller Sicht gibt es keinen Unterschied zwischen schwarzen und weißen Chiasamen. Sie werden normalerweise zur Herstellung von jeglicher Art von Chia-Gel, Chia-Pudding und Chia-Fresca verwendet, werden auf Salate gestreut oder zu Suppen und Smoothies hinzugegeben. Durch das Mahlen von Chiasamen erhält man ein mehlartiges Chiasamen-Pulver. Gemahlene Chiasamen können ebenfalls in viele Gerichte auf Chiasamen-Basis integriert werden. Hauptsächlich wird das Chia-Mehl jedoch für Backwaren verwendet (um Mehl teilweise zu ersetzen) oder aber zum Andicken von Suppen und Smoothies.

Lagerung von Chiasamen: keine Kühlung erforderlich

Chiasamen sind eine reichhaltige Quelle von essenziellen Fettsäuren. Doch im Gegensatz zu anderen fettreichen Nüssen und Samen, die schnell ranzig werden, wenn sie nicht im Kühl- oder Gefrierschrank aufbewahrt werden, können Chiasamen bei Zimmertemperatur gelagert werden. Es scheint ihr hoher Gehalt an Antioxidantien zu sein, der dafür verantwortlich ist, dass ihre empfindlichen Fette vor dem Verderben geschützt sind. Um Chiasamen lang frisch zu halten, sollten Sie in fest verschlossenen Beuteln oder Gläsern mit Schraubverschluss an einem kühlen und trockenen Ort (Küchenschrank oder Speisekammer) aufbewahrt werden.

Vorbereitung von Chiasamen: einfach dazugeben und genießen!

Im Gegensatz zu anderen Samen (wie dem Pseudogetreide Quinoa) müssen Chiasamen vor der Verwendung weder eingeweicht noch gewaschen werden. Und im Gegensatz zu Leinsamen, die geschrotet oder gemahlen werden müssen, um die Nährstoffe unter der harten äußeren Schale freizusetzen, können Chiasamen ganz verzehrt werden – Mahlen ist also nicht erforderlich.

Deshalb sind Chiasamen so ein außergewöhnlich praktisches Superfood: einfach dazugeben und -genießen! Geben Sie einfach 1 Esslöffel Chiasamen (ohne sie zu mahlen) in Salate, Säfte und Smoothies. Damit verschaffen Sie sich und Ihrer Ernährung einen entscheidenden, positiven Nährstoffschub.

Verwendung von Chiasamen: einfach und vielseitig einsetzbar

Nachdem Sie nun also wissen, wie und wo Sie Chiasamen kaufen können und wie sie aufbewahrt und vorbereitet werden (Naja, Vorbereitung ist ja gar nicht erforderlich!), sollten Sie nun lernen, wie Sie diese Supersamen in der Küche am besten verwenden. Chiasamen haben einen ganz milden (kaum wahrnehmbaren), nussigen Geschmack, was sie – auch dank des knackigen Kaugenusses – zu einem perfekten Zusatz für fast alle Gerichten und Geschmackskombinationen macht. Im Folgenden möchte ich Ihnen einige besondere Anwendungsformen von Chiasamen und einige Grundrezepte vorstellen, die Sie als Ausgangsbasis nutzen können, um zu Hause selbst „Chia-inspirierte" Gerichte zu kreieren.

Chia-Gele lassen sich durch eine Mischung von Chiasamen und Wasser oder Saft (vorzugsweise 100 Prozent reiner Fruchtsaft) herstellen, die dann ruhen muss, bis sie eine dickflüssige, gelartige Konsistenz bekommen hat. Ein paar Esslöffel Gel kann man pur essen oder zum Andicken in Smoothies, Suppen, Dressings, Dips und Saucen verwenden, die dadurch mit den gesundheitsfördernden Vitalstoffen dieser Supersaat aufgewertet werden.

Chia-Gel

240 ml Wasser
3 EL Chiasamen

Wasser zusammen mit den Chiasamen in ein Gefäß mit fest verschließbarem Deckel (Einmachglas oder großes Marmeladenglas mit Schraubverschluss oder Pyrex-Vorratsbehälter) geben und alles gut durchschütteln. Etwa 5 Minuten stehen lassen und dann nochmals kräftig schütteln, damit sich eventuelle Klümpchen vollends auflösen. Weitere 20 Minuten stehen lassen und dabei ein- bis zweimal durchschütteln. Das Gel ist nun gebrauchsfertig oder kann im Kühlschrank 1 bis 2 Wochen aufbewahrt werden.

Variation: Mischen Sie die Chiasamen mit Ihrem Lieblings-Fruchtsaft (wie naturreinem Granatapfelsaft, Sauerkirsch- oder Cranberry-Saft), um ein süßeres Gel auf Fruchtbasis zu erhalten.

Ergibt: etwa 300 Milliliter

Chia-Fresca

Chia-Fresca ist ein Getränk, das in vielen Teilen Mexikos beliebt ist. Es besteht aus einer Mischung von Wasser, Zitronen- oder Limettensaft, Zucker und Chiasamen. Ich liebe Chia-Frescas, weil sie unglaublich erfrischend und durstlöschend sind, und experimentiere gern mit vielen verschiedenen frisch gepressten Saftkombinationen.

Chia-Fresca: Schritt für Schritt

- Als Ausgangsbasis für Ihre Chia-Fresca brauchen Sie 240 Milliliter Flüssigkeit. Das kann sein: reines Wasser, Mineralwasser mit Kohlensäure, Kokoswasser, frisch gepresster Saft oder eine Mischung aus verschiedenen Flüssigkeiten
- Dazu kommt 1 Esslöffel Zitrusfruchtsaft: Ein paar Spritzer fruchtig herber Zitronen-, Limetten- oder Grapefruitsaft oder die etwas süßere Variante von frisch gepresstem Orangen- oder Mandarinensaft verleihen der Basisflüssigkeit zusätzlichen Pfiff und Frische.
- Abgerundet wird das Ganze durch 1 Teelöffel Süßungsmittel (je nach Geschmack). Testen Sie verschiedene Süßungsmittel in unterschiedlichen Mengen und verwenden Sie so wenig wie möglich. Gute Süßungsmittel sind kalt geschleuderter Honig, Agavendicksaft, Ahornsirup, Rohrohrzucker oder Stevia.
- Nach Belieben: Den ultimativen Kick können Sie Ihrer Chia-Fresca durch Zugabe von Gewürzen, wie 1 kleinen Prise Zimt, Cayennepfeffer oder frisch geriebene Ingwerwurzel, geben.
- Geben Sie die Basisflüssigkeit, frisch gepressten Zitrusfruchtsaft, Süßungsmittel und 1 Teelöffel Chiasamen (oder mehr) in ein Gefäß mit fest verschließbarem Deckel und schütteln Sie alles gut durch. Etwa 10 Minuten stehen lassen und dabei nochmals ein- bis zweimal durchschütteln. In ein Glas gießen, nach Belieben mit den Gewürzen bestreuen und gut gekühlt servieren. Im Kühlschrank hält sich die Fresca in einem luftdicht verschlossenen Behälter 2 bis 3 Tage.

Ergibt: 1 Portion

Chia-Pudding

Bei Chia-Pudding handelt es sich um einen cremig-sämigen Pudding, der in seiner Konsistenz Reis- oder Tapioka-Pudding ähnelt. Mit 100 Gramm Chiasamen pro Zubereitungsmenge (ausreichend für 4 Portionen von jeweils 225 Gramm) sind Chia-Puddings wunderbar, um uns die Kraft dieser gesundheitsfördernden Samen zuzuführen. Normalerweise werden für einen Pudding Chiasamen mit einer Flüssigkeit wie pflanzlicher Milch oder Saft vermischt. Die Mischung bleibt dann stehen, damit sie schön eindicken kann. Die Puddings können vor dem Servieren mit frischen oder getrockneten Früchten, Nüssen, Samen und Gewürzen bestreut werden. Sie sind in weniger als einer ½ Stunde fertig, können aber auch am Abend vorbereitet und über Nacht zum Quellen in den Kühlschrank gestellt werden.

Chia-Pudding: Schritt für Schritt

- Als Ausgangsbasis brauchen Sie 480 Milliliter Flüssigkeit. Ich bevorzuge samtige, selbst gemachte Nussmilch (aus Mandeln, Cashewkernen oder Paranüssen), da sie die cremigste und leckerste Grundlage für Chia-Pudding darstellt (siehe Seite 141). Sie können aber auch Fruchtsäfte wie Granatapfel- oder Traubensaft oder auch eine abgepackte Pflanzenmilch wie ungesüßte Mandelmilch, Hanfsamenmilch oder Kokosmilch verwenden.
- Wählen Sie Ihr Süßungsmittel aus. Am besten nehmen Sie 4 entkernte Datteln oder etwa 1 Esslöffel (20 Gramm) flüssiges Süßungsmittel wie Honig, Agavendicksaft oder Ahornsirup. Wenn Sie abgepackte Milch aus Nüssen oder Samen benutzen, empfehle ich Ihnen ungesüßte Produkte, die Sie dann mit einem natürlichen Süßungsmittel nach Belieben süßen können. Datteln und pflanzliche Milch zu vermischen ist eine unglaublich einfache (und nahrhafte) Art, um Ihre Puddinggrundlage süßer zu machen. Aber wenn Sie es eilig haben, können Sie auch Honig, Agavendicksaft oder Ahornsirup zum Süßen verwenden.

ÜBER-NACHT-CHIA-PUDDING

Wenn Sie morgens zu wenig Zeit haben, um sich diese wichtige Morgenmahlzeit zuzubereiten, gibt es eine Lösung: Setzen Sie Ihren Chia-Pudding am Abend vorher an und lassen Sie ihn über Nacht quellen. Dann haben Sie morgens ein fertiges Frühstück, das Sie zu Hause essen oder mitnehmen können – es gibt also keine Ausrede mehr, diese wichtige erste Mahlzeit ausfallen zu lassen. Suchen Sie sich einfach irgendein Chia-Pudding-Rezept in diesem Buch aus und mischen Sie alle Zutaten (außer der Garnierung) in einem Gefäß mit fest verschließbarem Deckel. Schütteln Sie das Ganze durch und stellen Sie es in den Kühlschrank. Das ist schon alles! Am Morgen müssen Sie es nur noch einmal kurz durchschütteln oder umrühren, in eine Servierschale füllen und nach Belieben garnieren, süßen und servieren. Das ist doch wirklich ein unkompliziertes Frühstück

- Suchen Sie sich Ihre Geschmacksnote aus. Geben Sie 1 bis 2 Teelöffel naturreinen Vanilleextrakt (für Vanillepudding) hinzu, 1 bis 2 Esslöffel Kakaopulver (für Schokopudding) oder 1 Esslöffel Maca-Pulver (für Karamell-Pudding).
- Und so geht's: Geben Sie die Basisflüssigkeit mit dem Süßungsmittel in ein Gefäß mit fest verschließbarem Deckel (wenn Sie Datteln zum Süßen nehmen, müssen Sie sie vorher zusammen mit der Flüssigkeit im Mixer cremig pürieren), geben Sie den gewünschten Geschmack und 100 Gramm Chiasamen dazu und schütteln Sie alles gut durch. Lassen Sie die Mischung unter gelegentlichem Aufschütteln (alle 5 bis 10 Minuten) $\frac{1}{2}$ Stunde stehen. Gießen Sie den Pudding dann in eine Schale und servieren Sie ihn nach Belieben garniert mit frischen oder getrockneten Früchten, Nüssen, Kernen oder Samen und süßen Sie nach Geschmack nach.

Ergibt: 2 Portionen

Chia-Frucht- und -Nuss-Riegel (ohne Backen)

Ich habe damit begonnen, Obst und Nüsse in einer Küchenmaschine zu einer kernigen Mischung zu verarbeiten, aus der sich leckere Frucht-und-Nuss-Riegel herstellen lassen – und zwar in interessanten Geschmacks- und Nährstoffkombinationen, die Vielfalt in Ihre Auswahl bringen. In letzter Zeit ergänze ich einige meiner Riegelmischungen mit Chiasamen. Das sorgt nicht nur für mehr Ballaststoffe und Omega-3-Fettsäuren, sondern gibt den Riegeln auch einen angenehm kernigen Biss! Sie werden von diesen neuen Müsli-Riegeln begeistert sein.

Chia-Frucht-und-Nuss-Riegel: Schritt für Schritt

- Als Grundlage brauchen Sie 300 bis 350 Gramm Trockenobst. Mindestens die Hälfte davon sollte aus einem klebrigen Trockenobst wie entkernten Datteln bestehen. Die andere Hälfte können verschiedene getrocknete Früchte sein wie Gojibeeren, Maulbeeren, Kirschen, Äpfel, Rosinen und Cranberrys.
- Dazu kommen 150 bis 220 Gramm Nüsse, Kerne und Samen. Gut geeignet sind Mandeln, Cashewkerne, Walnüsse, Macadamia-Nüsse, Paranüsse, Kürbiskerne, Hanfsamen, Leinsamen und Chiasamen. Von den kleineren Samen wie Hanf-, Lein- und Chiasamen sollten Sie höchstens 80 bis 100 Gramm verwenden. Der Rest sollte aus Nüssen und Kernen (Sonnenblumen- oder Kürbiskernen) bestehen.
- Und so geht's: Eine Schneidebrett mit Fettpapier bedecken. Alle Zutaten in einer Küchenmaschine zu einer stückigen Masse verarbeiten. Wenn Sie sie mit den Fingerspitzen zusammendrücken, sollte die Masse gut zusammenkleben. Nun die Masse auf das Brett geben und in der Mitte des Bretts zu einer großen Kugel formen. Ein zweites Fettpapier darauflegen und die Kugel mit der Hand flach drücken. Mit einem Nudelholz auf einem Fettpapier zu einem etwa 1 Zentimetern dicken Rechteck ausrollen. Zuletzt die Masse in 12 Riegel schneiden.

Backen mit Chiasamen

Chiasamen eignen sich bestens zum Backen. Sie können ganze Chiasamen als Ei-Ersatz (siehe unten) oder gemahlene Chiasamen – anteilig – als Mehlersatz in Ihren traditionellen Backrezepten verwenden. Als Faustregel gilt: Bis zu einem Viertel des Mehls können Sie durch gemahlene Chiasamen ersetzen.

Aufgrund des hohen Ballaststoffgehalts von Chiasamen wird das hiermit angereicherte Gebäck in der Regel etwas fester und dichter – und braucht auch etwas länger, bis es fertig gebacken ist (etwa 3 bis 5 Minuten mehr). Ob das Gebäck durchgebacken ist, testen Sie, indem Sie mit einem Zahnstocher hineinstechen. Beim Herausziehen darf nichts daran festkleben. Da Chiasamen die Backwaren fester werden lassen, empfehle ich, sie entweder als Ei-Ersatz oder als Mehlersatz zu benutzen – nicht beides zugleich, da das Gebäck sonst zu fest wird. Auch in den Backrezepten in diesem Kapitel verwende ich Chiasamen immer entweder als Ei-Ersatz (zusammen mit glutenfreiem Mehl) oder als Mehlersatz (dann mit 1 oder 2 Eiern). Wenn Sie gemahlene Chiasamen verwenden, können Sie zwischen weißen und schwarzen wählen. Der wirklich einzige Unterschied ist ihre Farbe.

Für Gebäck nehme ich die dunklen gemahlenen Chiasamen. Zum Andicken von cremigen, hellen Suppen ziehe ich die weißen gemahlenen Chiasamen vor.

DER SUPERFOOD-TIPP: CHIASAMEN ALS EI-ERSATZ

Chiasamen – vermischt mit Wasser – ergeben ein sehr dickflüssiges Gel, das als Ei-Ersatz verwendet werden kann. Für Veganer oder Ei-Allergiker stellt dies eine hervorragende Alternative dar. Mischen Sie für jedes Ei einfach 1 Esslöffel Chiasamen mit 3 Esslöffeln Wasser. Lassen Sie die Mischung etwa 15 Minuten stehen, bis sie gallertartig wird. Verwenden Sie sie dann in Ihrem Rezept so, wie Sie es mit einem Ei machen würden. Ganz einfach – und gut für Sie!

Anmerkung: Manche Hersteller bieten auch ein „glutenfreies Chia-Mehl" an, das häufig aus einer Mischung von gemahlenen Chiasamen und gemahlenem Vollkornreis oder anderen Mehlen besteht. In diesem Fall können Sie in den Rezepten die angegebene Mehlmenge zu 100 Prozent durch dieses Mehl ersetzen.

Kreative Backrezepte mit Chiasamen

Haferflocken-Chia-Rosinen-Kekse

Meine Familie und Freunde sagen immer, dass man keinen Unterschied zwischen diesen glutenfreien, mit Chiasamen angereicherten Keksen und den traditionellen Haferflocken-Rosinen-Keksen schmeckt.

70 g glutenfreies Mehl

2 EL gemahlene Chiasamen

½ TL Backpulver

½ TL Xanthan-Pulver

¼ TL Meersalz

120 g Butter, weich

170 g Rohrohrzucker

1 großes Ei (am besten in Bio-Qualität und aus artgerechter Tierhaltung

½ TL naturreiner Vanilleextrakt

120 g Haferflocken

110 g Rosinen in Bio-Qualität

Backofen auf 180 °C (oder Gas Stufe 4) vorheizen. Zwei Backbleche mit Backpapier belegen.

In einer kleinen Schüssel Mehl, gemahlene Chiasamen, Backpulver, Xanthan (Bindemittel) und Meersalz mischen. Mit einem elektrischen Rührgerät die Butter mit dem Rohrzucker schaumig schlagen, das Ei und die Vanille dazugeben und gut verrühren. Bei niedriger Geschwindigkeit die trockenen Zutaten untermischen. Mit einem Rührlöffel die Haferflocken und Rosinen unterheben. Für einen Keks jeweils 2 Esslöffel (etwa 30 Gramm) Teig auf das Backpapier tropfen lassen und die Kekse dann 12 bis 15 Minuten backen, bis sie goldbraun sind. Nach dem Herausnehmen noch ein paar Minuten auf dem Blech lassen und dann zum Abkühlen auf ein Gitter geben. In einem luftdicht verschlossenen Behälter aufbewahren.

Ergibt: etwa 20 Kekse

Kaffeekuchen-Muffins mit Knusperstreuseln

Diese Muffins sind eine abgeänderte Version des schnellen Kaffeekuchens meiner Tante. Ich verwende hier eine Mischung aus 50 Gramm gemahlenen Chiasamen und glutenfreiem Mehl. Beim Rühren wird der Teig zwar unglaublich fest, aber die fertigen Muffins haben eine schöne Konsistenz.

Für die Muffins:

170 g glutenfreies Mehl

150 g Zucker

50 g gemahlene Chiasamen

2 TL Backpulver

1½ TL Xanthan-Pulver

½ TL Meersalz

120 g Butter, weich

1 großes Ei (am besten in Bio-Qualität und aus artgerechter Tierhaltung)

120 ml Milch (pflanzlich oder tierisch)

Für die Streusel:

50 g Walnüsse in Rohkostqualität, gehackt

60 g Rohrzucker

1 EL fein gemahlene Mandeln

1 EL Butter, weich

1 TL gemahlener Zimt

Backofen auf 190 °C (Gas Stufe 5) vorheizen. Eine Backform für 10 Muffins einfetten oder Muffinförmchen aus Papier verwenden.

Muffins: In einer kleinen Schüssel Mehl, Zucker, gemahlene Chiasamen, Backpulver, Xanthan (Bindemittel) und Salz mischen. In einer großen Schüssel die Butter mit dem Ei und der Milch verrühren. Die trockenen Zutaten einrühren, bis alles gut miteinander vermischt ist. Die Muffinformen jeweils zu Dreivierteln mit dem Teig füllen.

Streusel: Alle Zutaten vermischen. Jeweils 1 Esslöffel der Streuselmasse auf jedes Muffin streuen. Die Muffins 25 bis 30 Minuten backen, bis sie oben goldbraun sind. Mit dem Zahnstocher testen, ob sie durchgebacken sind. Aus dem Ofen nehmen und zum Abkühlen auf ein Gitter geben.

Ergibt: etwa 10 Muffins

Pfirsich-Himbeer-Cobbler

Ein „Cobbler" ist eine traditionelle US-amerikanische Süßspeise, die meist als Nachspeise gereicht wird. Sie besteht aus überbackenen Früchten mit einer Teigkruste. Die Obstfüllung wird mit Chia angedickt. Glutenfreies Mehl und lockeres, leicht nussiges Mandelmehl ergeben zusammen die ideale Teigabdeckung für diesen „Cobbler".

Für die Füllung:

**500 g frische Pfirsiche, geschält und
 in Scheiben geschnitten (oder 750 g
 aufgetaute tiefgefrorene)**

**250 g frische Himbeeren (oder 500 g
 aufgetaute tiefgefrorene)**

100 g Rohrohrzucker

50 g gemahlene Chiasamen

1 TL frisch gepresster Zitronensaft

Für die Teigkruste:

70 g glutenfreies Mehl

60 g fein gemahlene Mandeln

1 EL Rohrohrzucker

1½ TL Backpulver

½ TL Meersalz

¼ TL gemahlener Zimt

120 ml Milch (pflanzliche oder tierische)

3 EL Butter, weich

Den Backofen auf 200 °C (Gas Stufe 6) vorheizen.

Füllung: Alle Zutaten in einen großen Topf geben. Auf mittlere Hitze erwärmen und gelegentlich umrühren, bis die Mischung dickflüssig wird und zu kochen beginnt. Unter ständigem Umrühren etwa 1 Minute kochen lassen, vom Herd nehmen und in eine ungefettete große Auflaufform gießen.

Teigkruste: Mehl, Mandelmehl, Zucker, Backpulver, Salz und Zimt in einer Schüssel mischen. Milch und Butter dazugeben und von Hand vermengen, bis ein dickflüssiger Teig entsteht. Den Teig esslöffelweise auf das Obst tropfen lassen. Die Teigtropfen mit Rohrzucker bestreuen. Dann 20 bis 25 Minuten im Backofen goldbraun backen, 10 Minuten stehen lassen. Noch warm servieren.

Ergibt: 4 bis 6 Portionen

Heidelbeer-Streuselkuchen

Der Heidelbeer-Streuselkuchen meiner Mutter, den ich als Kind oft nach sommerlichen Ausflügen zum Heidelbeerpflücken bekam, ist die Grundidee für dieses angewandte Rezept. Hierbei verwende ich Chiasamen als Ei-Ersatz. Soll Ihr Kuchen vegan sein, verwenden Sie Kokosöl statt Butter.

Für die Füllung:

1 EL Chiasamen

3 EL Wasser

270 g glutenfreies Mehl

2 TL Backpulver

2 TL Xanthan-Pulver

½ TL Meersalz

60 g Butter, weich

150 g Rohrohrzucker

180 ml Milch (pflanzliche oder tierische)

300 g frische Heidelbeeren

Für die Streusel:

100 g Rohrohrzucker

40 g fein gemahlene Mandeln

½ TL gemahlener Zimt

60 g Butter, weich

Backofen auf 180 °C (Gas Stufe 4) vorheizen. Ein viereckiges Backblech (mit etwa 23 Zentimetern Seitenlänge) einfetten.

Füllung: Chiasamen und Wasser verquirlen und beiseitestellen, um die Mischung quellen zu lassen (und sie später als Ei-Ersatz zu verwenden). In einer kleinen Schüssel Mehl, Backpulver, Xanthan (Bindemittel) und Salz mischen. Mit einem elektrischen Rührgerät die Butter mit dem Zucker und dem Chia-Ei-Ersatz schaumig schlagen. Milch und danach die trockenen Zutaten unterrühren. Die Heidelbeeren unterheben (der Teig sollte jetzt ziemlich dick und zäh sein) und den Teig auf dem Backblech verteilen.

Streusel: Zucker, Mandelmehl, Zimt und Butter mischen. Die Streusel über den Kuchenteig verteilen. Dann 45 bis 50 Minuten im Ofen backen, den Kuchen herausnehmen und auskühlen lassen. In Stücke schneiden und servieren.

Ergibt: 9 Portionen

Brokkoli-Käse-Chia-Törtchen

Diese herzhaften, muffinähnlichen Käsetörtchen können Sie wunderbar als köstliche Vorspeise, Beilage oder Zwischenmahlzeit servieren. Bei diesem Rezept verwende ich gemahlene Chiasamen in einem glutenfreien Teig.

140 g Brokkoli-Röschen
240 g glutenfreies Mehl
50 g gemahlene Chiasamen
2 TL Backpulver
½ TL Meersalz
480 ml Milch
2 große Eier (am besten Bio-Eier aus artgerechter Tierhaltung
230 g geriebener Käse (Cheddar)
50 g geriebener Parmesankäse

Backofen auf 180 °C (Gas Stufe 4) vorheizen. In einer oder mehreren Backformen 12 bis 14 Muffinförmchen einfetten (ich benutze dazu immer ein Bio-Rapsöl-Spray).

Brokkoli etwa 5 Minuten dünsten, bis er schön grün und noch knackig ist. Unter kaltem Wasser abspülen, abtropfen lassen und zerkleinern. In einer kleinen Schüssel das Mehl, gemahlene Chiasamen, Backpulver und Salz vermischen. In einer großen Schüssel die Milch mit den Eiern verquirlen. Die trockenen Zutaten unterrühren, bis alles gut vermischt ist. Käse und Brokkoli unterheben. Die Muffinformen jeweils zu gut Dreivierteln mit dem Teig füllen. Im Ofen 35 bis 40 Minuten backen. Nach der Garprobe mit dem Zahnstocher die Törtchen aus dem Ofen nehmen. Zum Abkühlen ein paar Minuten in den Förmchen stehen lassen. Dann zum Auskühlen auf ein Gitter legen.

Ergibt: 12 bis 14 Törtchen

HÄUFIG GESTELLTE FRAGEN

Wo kann ich Chiasamen kaufen?

Sie können Chiasamen im Naturkostladen, Bio-Supermarkt oder Reformhaus kaufen oder, falls Sie dort nicht fündig werden, übers Internet bestellen (siehe „Bezugsquellen", Seite 181 f.).

Was ist der Unterschied zwischen schwarzen und weißen Chiasamen?

Aus ernährungsphysiologischer oder funktioneller Sicht gibt es keinen Unterschied zwischen schwarzen und weißen Chiasamen. Der einzige Unterschied ist tatsächlich die Farbe. Es ist also einzig und allein eine Frage der persönlichen Vorliebe oder der Farbgebung für bestimmte Gerichte.

Sollte man Chiasamen im Kühlschrank aufbewahren?

Aufgrund ihres hohen Gehalts an Antioxidantien braucht man Chiasamen nicht im Kühl- oder Gefrierschrank aufzubewahren. Sie können in einem luftdicht verschlossenen Behälter bei Zimmertemperatur gelagert werden. Achten Sie nur auf das Verfallsdatum und verbrauchen Sie sie vor dessen Ablauf, um optimale Frische zu gewährleisten.

Muss ich Chiasamen mahlen, bevor ich sie esse?

Nein, im Gegensatz zu Leinsamen müssen Chiasamen vor dem Essen nicht geschrotet oder gemahlen werden, um ihre gesundheitsfördernde Wirkung zu entfalten. Sie können diese knackigen Samen ganz oder gemahlen essen.

Wie viel Chiasamen sollte man täglich essen?

Chiasamen sind vollwertige Lebensmittel, keine Nahrungsergänzungsmittel – deshalb gibt es keine speziellen „Dosierungen", die Sie täglich einhalten müssen. Die Menge, die Sie zu sich nehmen sollten, kann je nach Person verschieden sein. Die meisten Hersteller geben Portionen von 1 Esslöffel an. Das versorgt Sie mit etwa 4,5 Gramm Ballaststoffen und 2,5 Gramm Omega-3-Fettsäuren. In wissenschaftlichen Studien ist die Unbedenklichkeit einer Chiasamen-Aufnahme in Mengen zwischen 2½ und 3½ Esslöffeln pro Tag nachgewiesen worden. Wer mit Chiasamen nur seine Zufuhr an Omega-3-Fettsäuren steigern will, braucht möglicherweise nur 1 oder 2 Teelöffel Chiasamen täglich. Wer darüber hinaus seine Ballaststoffaufnahme erhöhen will, sollte am besten 2 bis 3 Esslöffel Chiasamen pro Tag in seine Ernährung aufnehmen. Hören Sie auf Ihren Körper, wenn Sie anfangen, Chiasamen in Ihren Speiseplan zu integrieren.

Kann man zu viel Chiasamen essen?

Man kann von fast allem zu viel essen – sogar von unverarbeiteten und vollwertigen Lebensmitteln. Aufgrund ihres hohen Ballaststoffgehalts, empfehle ich Ihnen, nicht mehr als 2 bis 3 Esslöffel Chiasamen pro Tag zu essen. Es gibt keine wissenschaftliche Erkenntnis, dass höhere Mengen auch mit größeren Gesundheitsvorzügen verbunden wären.

Können beim Verzehr von Chiasamen irgendwelche Nebenwirkungen auftreten?

In den verschiedenen Forschungsstudien über Chiasamen konnten bis heute keine signifikanten Nebenwirkungen festgestellt werden. Allerdings berichteten die Teilnehmer an einer klinischen Studie über Nebenwirkungen auf den Magen-Darm-Trakt. Wenn man hochgradig ballaststoffhaltige Nahrungsmittel wie Chiasamen zu sich nimmt – insbesondere zu viel, zu schnell und ohne die Flüssigkeitszufuhr zu erhöhen – kann das zu Magenkrämpfen, Blähungen und diffusen Bauchschmerzen führen. Um solche unerwünschten Effekte auszuschließen, ist das Wichtigste, Chiasamen ganz allmählich in Ihren Speiseplan einzubauen, d. h. mit 1 Teelöffel beginnen und dann die Menge schrittweise (um jeweils 1 Teelöffel) erhöhen. Das gilt vor allem dann, wenn Sie sich bisher eher ballaststoffarm ernährt haben. Auch sollten Sie die Chiasamen über den Tag verteilt zu sich nehmen – mal hier 1 Teelöffel voll und mal da, anstatt 1 Esslöffel auf einmal – das kann Magenbeschwerden vorbeugen.

Außerdem sollten Sie natürlich viel Wasser trinken. Wenn Sie mehr Ballaststoffe aufnehmen, braucht Ihr Körper mehr Flüssigkeit, um die Fasern durch Ihren Magen-Darm-Trakt zu befördern.

Gibt es Menschen, die keine Chiasamen zu sich nehmen sollten?

Wenn Sie an nicht diagnostizierten Magen-Darm-Beschwerden leiden, sollten Sie vom Verzehr von Chiasamen absehen. Wie bereits in Kapitel 3 erwähnt, rate ich allen, die an chronischen oder akuten Magen-Darm-Erkrankungen leiden, eine drastische Umstellung ihrer Ernährung mit dem behandelnden Arzt zu besprechen. Der Zusatz von so einem ballaststoffreichen Lebensmittel wie Chiasamen kann bei manchen Personen die Symptome verschlimmern. Möglicherweise sind Chiasamen auch bei Personen mit niedrigem Blutdruck nicht empfehlenswert, da sie bei manchen den Blutdruck weiter senken können. Beraten Sie sich mit Ihrem Arzt, wenn Sie nicht sicher sind, ob Sie Chiasamen in Ihren Speiseplan aufnehmen sollen.

Ich bin Veganer/Veganerin. Kann ich Chiasamen als Ei-Ersatz für alle Backrezepte verwenden, in denen normalerweise Eier angegeben sind?

Ja, kein Problem! Chiasamen eignen sich bestens zum Backen, und der Chiasamen-Ei-Ersatz (siehe Seite 171) kann in fast allen Backrezepten verwendet werden, für die man normalerweise Eier braucht. Allerdings sollten Sie darauf achten, gemahlene Chiasamen und Chiasamen-Ei-Ersatz möglichst nicht im gleichen Rezept zu verwenden, da das Backwerk sonst leicht zu dicht und kompakt werden kann (in diesem Buch habe ich einige Rezepte mit ganzen Eiern und gemahlenen Chiasamen aufgeführt). Wenn Sie diese Rezepte vegan machen wollen, verwenden Sie statt der Eier ein anderes veganes Ei-Ersatzprodukt. Oder Sie nehmen den Chiasamen-Ei-Ersatz, lassen dann aber die gemahlenen Chiasamen weg und fügen stattdessen dieselbe Menge Mehl hinzu. Butter können Sie durch eine vegane Butter im Verhältnis 1:1 ersetzen. Sie haben die Wahl!

Chiasamen: Highlights der ultimativen Supersamen

- Vollwertnahrungsmittel – kein Nahrungsergänzungsmittel
- von Natur aus glutenfrei
- reich an Antioxidantien – kann problemlos bei Zimmertemperatur gelagert werden
- müssen nicht gemahlen werden – die Nährstoffe werden aus ganzen oder gemahlenen Samen freigesetzt
- leicht nussiger, fast neutraler Geschmack – perfekter Zusatz zu fast jedem Gericht
- leicht verwendbar – einfach zu Ihren Lieblingsgetränken und -speisen zugeben

2 bis 2½ Esslöffel (etwa 30 Gramm) Chiasamen enthalten:*

- fast 10 Gramm Ballaststoffe – so viel wie in einem großen Kopfsalat
- fast 5 Gramm Eiweiß – so viel wie in einem kleinen Ei
- 179 Milligramm Kalzium – mehr als in 120 Millilitern Vollmilch
- mehr als 2 Gramm Eisen – so viel wie in fast 60 Gramm frischem Spinat
- mehr Omega-3-Fettsäure als in einer gleich großen Portion Leinsamen
- mehr Magnesium als in einer gleich großen Portion Erdnüsse

*Quelle: *National Nutrient Database des USDA* (Landwirtschaftsministerium der Vereinigten Staaten) als Standardreferenzwerte, Ausgabe 25. *http://ndb.nal.usda.gov*

BEZUGSQUELLEN

Chiasamen, weiß oder schwarz, sind inzwischen in den meisten Bioläden oder Reformhäusern erhältlich. Natürlich können Sie sie auch übers Internet bestellen, z. B. bei *www.raw-living.de, www.govinda-natur.de, www.biosamara.ch, www.amrita.de, www.puravita.de* oder *www.tigernuss.de*

Alle weiteren Zutaten, die Sie nicht in Ihrem Bioladen, Naturkostladen oder Reformhaus finden, können Sie natürlich auch in Online-Shops bestellen. Einige Beispiele für diese Einkaufsmöglichkeiten finden Sie hier:

Aloe-vera-Gel, naturrein: *www.lraloevera.de* oder bei *www.forever-living-aloe.de*
Edamame-Bohnen: *www.natur.com*
Gojibeeren in Rohkostqualität, getrocknet: *www.amrita.de*
Hanfsamen: *www.keimling.de* oder *www.lifefood.de*
Hanf-Proteinpulver: *www.organicfoodbar.de, www.veganfitness.de* oder
    www.zentrum-der-gesundheit.de
Kakao in Rohkostqualität: *www.amrita.de*
Kakaonibs in Rohkostqualität: *www.keimling.de, www.pureraw.de* oder
    www.terraelements.de
Kokosmilch in Bio-Qualität: *www.amrita.de* und *www.shop.respekt-bio.com*
Kokosöl in Rohkost- und Bio-Qualität: *www.amrita.de, www.drgoerg.com,*
    www.keimling.de oder *www.rohkostgalerie.de*
Kokosraspel in Bio-Qualität: *www.amrita.de*
Maca-Pulver in Bio-Qualität: *www.pureraw.de, www.tausendkraut.de, www.inkavital.de*
    oder *www.terraelements.de*
Mangostan: *www. exotenfrucht.de* oder *www. naturscheune.de*
Mangostan-Saft: im Reformhaus und in gut sortierten Bioläden erhältlich oder bei
    www.naturscheune.de
Maqui-Beeren-Pulver in Bio-Qualität: *www.pureraw.de* oder *www.vitaminexpress.org*
Physalis, getrocknet: *www.alles-vegetarisch.de,www.authenticnutrients.de,*
    www.dragonspice.de, www.terraelements.de, www.topfruit.de oder
    www.veggiesdelight.de

Sacha-Inchi-Samen: *www.narayana-verlag.de* oder *www.inkanatura.com*
Sacha-Inchi-Öl, kalt gepresst: *www.olionatura.de* oder *inkanatura.com*
tiefgefrorener Weizengrassaft: *www.frischesweizengras.de* oder
  www.weizengrassaft.com

Ich danke ...

... den liebsten Menschen in meinem Leben, meinem Ehemann Gary und meiner Tochter Maria für Eure bedingungslose Liebe und andauernde Unterstützung. Ihr bringt mein Herz zum Lächeln und meine Seele zum Singen.

... meinen Eltern, die weiterhin meine Arbeit unterstützen – meinem Vater, der mich immer dazu ermutigte, meinen Träumen zu folgen, und meiner Mutter für Jahrzehnte voller unglaublicher Mahlzeiten und für den freien Zugang zu ihrer Rezeptsammlung.

... all meinen wunderbaren Freundinnen, besonders Gabrielle, Jen G., Jen K., Katie, Kristin und Trish. Ich bin wirklich dankbar für die Gesellschaft und Freundschaft von so wundervollen starken, schlauen und herzlichen Frauen – und ich fühle mich geehrt, Euch alle meine Freundinnen nennen zu dürfen.

... meinen Schönheitsexpertinnen für Naturkosmetik Amy Jane Stewart, Rebecca Casciano und Tricia Marsh, die immer für mich da sind und viel zu diesem Buch beigetragen haben. Danke, dass Ihr eure Weisheit mit anderen Frauen teilt, was ihnen zweifellos hilft, nach innen und außen zu strahlen.

... und schließlich meinen Verlegern, dem tollen Team von Fair Winds Press: Jill Alexander, John Gettings, Renae Haines, Heather Godin, Paul Burgess, Kathie Alexander, Glenn Scott, Catrine Kelty, Valerie Cimino, Marilyn Kecyk, Katie Fawkes und Dalyn Miller. Eure vereinten Anstrengungen haben den Text und die Rezepte in diesem Buch auf wunderbare Weise zum Leben erweckt, sodass die Leser davon inspiriert werden können. Danke für Eure Unterstützung. Ihr seid ein Dream-Team.

Über die Autorin

Lauri Boone ist Fachfrau für Nahrungsmittel und Ernährung, staatlich geprüfte Ernährungsberaterin, Referentin und Autorin von *Das große Buch der Superfoods* (Hans-Nietsch-Verlag, Emmendingen, 2013). Sie arbeitet seit 1998 im Bereich Ernährung und Fitness, ist Absolventin des *Institute for Integrative Nutrition* (Institut für integrative Ernährung) und Mitglied beim Fachverband *Dietitians in Integrative and Functional Medicine* (Ernährungsberater für integrative und funktionelle Medizin). Lauri engagiert sich leidenschaftlich für gutes Essen und möglichst naturbelassene, unverarbeitete Nahrung (nach dem Prinzip des *Clean Eating*) und setzt sich ein für vollwertige Lebensmittel und das ganzheitliche Verständnis von Gesundheit und Wohlbefinden. Sie hat für verschiedene Printmedien, Internetkanäle und Blogs geschrieben, u. a. für *One Green Planet*, *The Pilates Forum* und *The Wise Mom*. Außerdem war sie auf zahlreichen Fernsehkanälen zu sehen, u. a. bei *The Huffington Post*, *The Daily Messenger*, *CBS*, *CNN*, *NBC* und *CBS*. Sie tritt als Gesundheits- und Wellness-Expertin bei *ChickRx* und *Learn it Live* auf und gibt im Internet Online-Unterricht über Nahrungsmittel und Ernährungsfragen für Schüler aus aller Welt. Sie wohnt mit ihrem Mann Gary und ihrer Tochter Maria in der wunderschönen Finger-Lakes-Region im Norden des Staates New York.

Verzeichnis der Rezepte

Gebäck

Hautpflege

Grundrezepte

Megan Roosevelt

Superfoods for Life
KOKOSNUSS

Mit 75 Rezepten
für Ihre Gesundheit
und Schönheit

HANS-NIETSCH-VERLAG

www.nietsch.de

ALLE REZEPTE
SIND
GLUTEN-FREI
UND VEGAN!

LAURI BOONE

DAS GROSSE
BUCH DER
SUPER
FOODS

Pflanzliche Supernahrung
von Avocado bis Weizengras.
Für Gesundheit, Leistungsfähigkeit und das persönliche
Wohlfühlgewicht

HANS-NIETSCH-VERLAG

www.nietsch.de

TINA LEIGH

SUPERFOOD
Smoothies & Säfte

100 leckere und vitalisierende
Rezepte mit den kraftvollsten
Lebensmitteln der Welt

HANS-NIETSCH-VERLAG

www.nietsch.de

GABRIELE LEONIE BRÄUTIGAM

WILDE GRÜNE SMOOTHIES

50 Wildkräuter – 50 Rezepte

VEGAN & KÖSTLICH

Mit Sammelkalender und Tipps für Selbstversorger

HANS-NIETSCH-VERLAG

www.nietsch.de

Milan Hartmann

SUPERFOOD
SMOOTHIES

Power-Drinks mit den besten Zutaten
für einen gesunden Energiekick

HANS-NIETSCH-VERLAG

www.nietsch.de